国府遺跡の玦状耳飾

藤井寺市国府遺跡では，大正時代の調査により，6体の人骨から6対の玦状耳飾が検出されていた。人骨の3体までは中年女性であった。今，6対の耳飾を再復元してみると，6人骨間の副葬品の有無が耳飾の材質・形態上の優劣と一致していた。この事実は，縄文前期に，すでに社会内部に階層差もしくは身分・役割上に差があったことを推測させる。

構　成／阿南辰秀・西口陽一
写真提供／京都大学・関西大学・道明寺天満宮
　　　　　大阪市立博物館

第3次調査の4号人骨
（左　耳）

第3次調査の4号人骨
（右　耳）

表採資料
（右半分は復元）

第3次調査の14号人骨
（左　耳）

第3次調査の14号人骨
（右　耳）

第4次調査の4号人骨
（左右不明）

第4次調査の2号人骨
（左　耳）

第4次調査の2号人骨
（右　耳）

第4次調査の4号人骨
（左右不明）

第4次調査の3号人骨
（左　耳）

第4次調査の3号人骨
（右　耳）

縄文～古墳時代の装身具

社台1遺跡出土の玉類
<縄文時代>

北海道白老町字社台の社台1遺跡は縄文時代晩期の墓地である。調査の結果，土壙墓72基と住居跡1軒が発掘され，ほかに焼土や小ピットを伴う祭祀跡とみられるものも検出された。写真に示す55号墓は壙口部が89×56cm，壙底部65×30cmの小判形をなし，深さは約50cm。遺体は全く残っていない。副葬品として滑石製の勾玉2個と小玉105個が発見された。小玉は94個と11個の2群にわかれており，それぞれひもを通した状態で検出された。

構　成／森田知忠
写真提供／北海道埋蔵文化財センター

鬼虎川遺跡出土の装身具
<弥生時代>

勾玉と管玉（左端の勾玉の長さ2.4cm）

装身具の種類は縄文時代に発達を遂げたが，牙製あるいは骨製の装身具の一部は，弥生時代にも引き継がれたことが知られる。こうした伝統の継続は玉製品にも共通するが，一方では勾玉のなかに大陸の勾玉と形状が類似するものがあること，管玉のなかに古墳時代に多い大型品がみられることなどの新しい要素も指摘できる。ここにあげた資料は大阪府東大阪市の鬼虎川遺跡から出土した弥生時代前期～中期のものである。

構　成／芋本隆裕
写真提供／東大阪市教育委員会

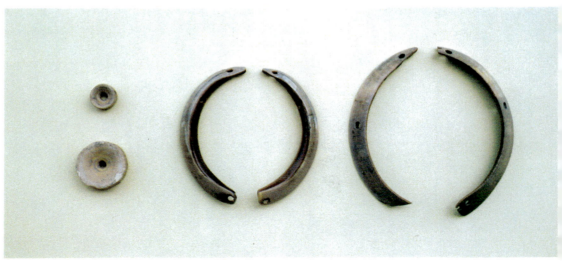

牙製腕輪とサメ脊椎骨製の装身具（左下の径2.5cm）

北海道社台Ⅰ遺跡　　福岡県金隈遺跡ほか
大阪府鬼虎川遺跡　　熊本県向野田古墳

北九州出土の貝輪
〈弥生時代〉

弥生前期，初めてゴホウラを手にした平野部の人びとは，そのずっしりとした質感と大きくうずを巻く内のつくりに驚嘆した。付着物におおわれた褐色の表面は，磨くと純白の地を現わした。白さにひかれ，うず巻に神秘性を感じた彼らは，これを身に着けることでひとつの秩序を保ったらしい。やがてこの伝統は形骸化して有鉤銅釧となった。
　　　　　　　　構　成／木下尚子

福岡市金隈K103出土貝輪とゴホウラ（福岡市立歴史資料館蔵）

福岡市諸岡出土貝輪（左）と立岩運動場甕棺出土貝輪（右）（永井昌文氏保管）

福岡市香椎出土有鉤銅釧鋳型（九州歴史資料館提供）

向野田古墳出土の玉類
〈古墳時代〉

熊本県宇土市の向野田古墳では阿蘇溶結凝灰岩をくり抜いた舟形石棺に30代後半とみられる女性人骨がほぼ完全な状態で遺存していた。棺内には，鏡3面をはじめとして右腕の腰部にかかる付近に碧玉製車輪石1個があり，硬玉製勾玉4個や碧玉製管玉82個，ガラス小玉多数などもみられた。
　　　　　　　　構　成／高木恭二
　　　　　　　写真提供／宇土市教育委員会

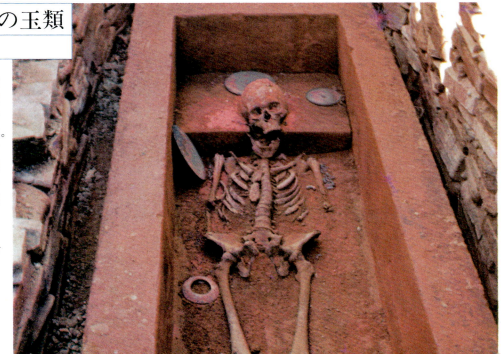

人物埴輪に表現された髪形

多くの男は髪を左右に分けて束ねる美豆良にし、女は髪を前後で折り返して髻を結ったとされるが、埴輪では美豆良は円棒形やふくらみをもって強く反る形に、髻は長方形や分銅形に表現するなど、多様性を示す。この中には埴輪製作集団の活動範囲と関連する地域差や、時間の経過に伴う髪形の変化を示唆する例がある。

構 成／杉山晋作

1 円棒状美豆良の男（群馬県高崎市八幡原町）
天理参考館 所蔵

2 裾分け美豆良の男（埼玉県舟山古墳）
埼玉県立博物館 所蔵

3 側方はね美豆良の男（千葉県姫塚古墳）
芝山はにわ博物館 所蔵

4 前方はね美豆良の男（群馬県四ツ塚古墳）
東京国立博物館 所蔵

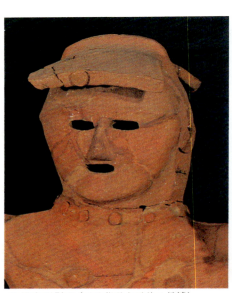
5 長方形髻の女（千葉県木戸前1号墳）
芝山はにわ博物館 所蔵

6 対頂複三角形髻の女（群馬県塚廻3号墳）
群馬県教育委員会 所蔵

7 分銅形髻の女（千葉県姫塚古墳）
芝山はにわ博物館 所蔵

8 分銅形髻の女（群馬県綿貫観音山古墳）
群馬県立歴史博物館 所蔵

季刊 考古学 第5号

特集　装身の考古学

◉口絵（カラー）　国府遺跡の玦状耳飾
　　　　　　　　　繩文〜古墳時代の装身具
　　　　　　　　　人物埴輪に表現された髪形
　　（モノクロ）　抜歯の習俗
　　　　　　　　　人骨加工
　　　　　　　　　玦状耳飾の製作遺跡
　　　　　　　　　律令時代の装身

装身の意義と歴史─────────町田　章　*(14)*

装身の歴史
　採取の時代─────────春成秀爾　*(18)*
　農耕の時代─────────岩永省三　*(22)*
　大王の時代─────────千賀　久　*(25)*
　律令制の時代─────────佐藤興治　*(27)*

装身と原始・古代社会
　繩文〜古墳時代の玉製装身具─────藤田富士夫　*(30)*
　繩文〜古墳時代の布─────────小笠原好彦　*(35)*
　貝輪と銅釧の系譜─────────木下尚子　*(40)*
　人物埴輪頭部における装身表現─────杉山晋作　*(47)*
　耳飾からみた性別─────────西口陽一　*(52)*
　装身具にみる身分制度─────────亀田　博　*(56)*

身体の変工
　抜歯習俗の成立―――――――――――――――――春成秀爾 **(61)**
　入墨の意義と性格―――――――――――――――――高山　純 **(67)**

考古学の周辺
　律令時代の衣服規定―――――――――――――――武田佐知子 **(71)**
　儀礼と装身―――――――――――――――――――鍵谷明子 **(75)**

最近の発掘から
　縄文前期～晩期の大遺跡　石川県能都町真脇遺跡―――山田芳和 **(79)**
　美豆良を残した終末期古墳　茨城県新治村武者塚1号墳――同発掘調査団 **(85)**

連載講座 古墳時代史
　5. 5世紀の地域勢力 (2)―――――――――――――石野博信 **(87)**

書評――――**(93)**
論文展望――**(95)**
文献解題――**(97)**
学界動向――**(100)**

表紙デザイン／目次構成／カット
／サンクリエイト・倉橋三郎

抜歯の習俗

抜歯は，抜歯後の歯槽の閉鎖および遠心側の隣接歯の捻転によって確認される。この現象は，他の原因による歯の脱落によっても生じる。しかし，ある地方のある時期の抜歯様式は決まっているので，その識別は比較的容易である。抜歯の方法はいろいろあるが，今世紀の台湾ヴヌン族のばあいでは，丸棒の両端に麻糸の両端をくくりつけて弓状のものをつくり，その糸の中央を抜くべき歯にかけ，抜歯者が後方から丸棒をつよく引いて抜去していた。

構　成／春成秀爾

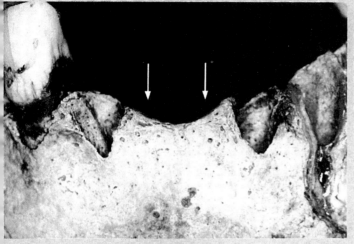

世界最古の抜歯例
下顎中切歯2本を抜去，左右側切歯・左犬歯は死後脱落，沖縄県港川・A下顎骨・女性　（写真提供／埴原和郎）

台湾ヴヌン族の抜歯光景
寺門・佐原・喜谷編『骨の日本史展』神戸新聞社，1971　　（写真撮影／宮本延人）

西日本縄文晩期の抜歯の二型式

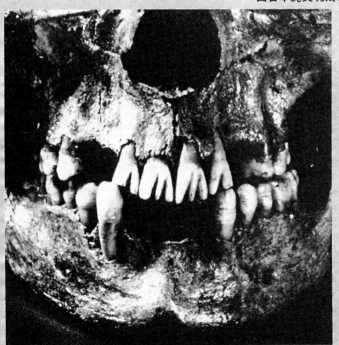

4I型　上顎左右犬歯・第1小臼歯，下顎中・側切歯を抜去，上顎中・側切歯は叉状研歯，愛知県伊川津44号・男性　（写真提供／国立科学博物館）

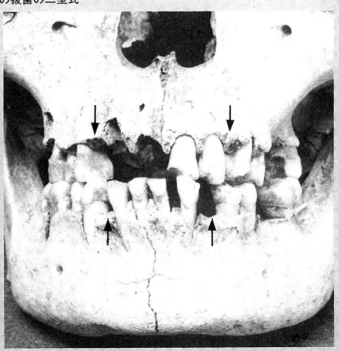

2C型　上・下顎左右犬歯を抜去，上顎右中・側切歯は死後脱落，愛知県吉胡・中山19号・女性
（写真提供／名古屋市博物館）

人骨加工

加工された女性の下顎骨

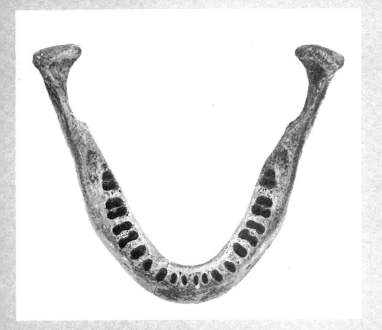

本資料は大阪市森の宮遺跡から出土した若い女性の下顎骨で、筋突起や下顎角を削って全面を研磨し、両端の下顎頭には溝状に凹みをつけており、紐でつるすことができる。小児の墓壙からでた縄文時代後期〜弥生時代前期のものである。垂下する装身具なのか、それとも呪具なのか、小児骨との関係もあわせて注目される。

構　成／八木久栄
写真提供／大阪市文化財協会

人骨を加工した装身具

福島県霊山町根古屋遺跡は、土器棺が130個体出土した東北地方南部の初期弥生時代再葬墓群であるが、ここから人骨を原材にした骨製品が検出されている。骨製品は足の指骨（2cm内外2点）と歯根部（0.5cm内外4点）に穿孔したもので、頸飾か腕輪などに使用された装身具と推定される。こうした資料は新潟県緒立遺跡をはじめ2、3の報告があるが、東日本の初期弥生文化の墓制・装身具を考究する上に一石を投じる資料となろう。

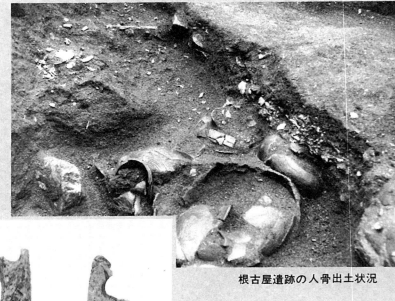

根古屋遺跡の人骨出土状況

人骨加工の装身具類

構　成／大竹憲治
写真提供／霊山町教育委員会

玦状耳飾の製作遺跡

富山県極楽寺遺跡の立地　中央の河岸段丘先端部

極楽寺遺跡出土の前期初頭土器

玦状耳飾の製作遺跡は縄文時代早期末～前期初頭に現われる。とくにそれは新潟県西部から富山県東部の海岸近辺に集中する。富山県上市町の極楽寺遺跡では、原石や未成品など1,000点近くが出土している。縄文前期中葉～後葉になると製作遺跡は、姫川をさかのぼった長野県北部の白馬岳山麓に盛行をみせる。最近、兵庫県（ハチ高原遺跡I地点）や福島県（廣谷地B遺跡）でも小規模であるが、確実な製作遺跡が知られてきた。

構　成／藤田富士夫

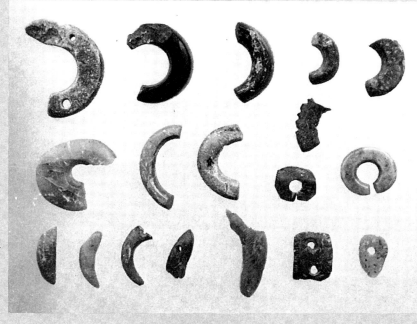

極楽寺遺跡出土の玦状耳飾と飾玉

左：福島県廣谷地B遺跡出土の飾玉と未成品
右：兵庫県ハチ高原遺跡1地点出土の玦状耳飾と未成品

律令時代の装身

鴨遺跡出土の木沓

滋賀県高島郡高島町南鴨の鴨遺跡で木簡，銅印，陽物，斎串，仏像，人形などとともに木沓10点が出土した。写真はそのうちのほぼ完形に近い2点で，右は復原全長33.1cm，左は同27.0cm。「貞観十五年」(873年)の木簡を伴っていることから，この沓も9世紀後葉のものと推定される。

　　　　　　　　　　構　成／丸山竜平
　　　　　　　　　写真提供／滋賀県教育委員会

平城宮出土の櫛

奈良時代の櫛はツゲ・イスノキのような木目の細い材料を用いた。歯は鋸でひき出しており，3cmあたり30枚くらいの歯をひく。

　　　　　　　　　構　成／町田　章
　　　　　　　写真提供／奈良国立文化財研究所

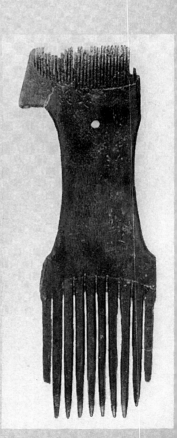

〈縮尺はすべて½〉

季刊 考古学

特集

装身の考古学

特集●装身の考古学

装身具の意義と歴史

奈良国立文化財研究所　町田　章
（まちだ・あきら）

装身具は，即物的な効用のない装飾自体を目的としたものと，実用機能を目的として装飾性を加味したものの2つに大別できる

1　資料の制約と限界

　遺跡から発見される原始古代の遺物の多くは，日常生活を維持するために不可欠な衣・食・住に関する用具，食糧をはじめとする各種生産に係る工具，人と人とが殺傷しあう武器・武具などに大別される。それらは即物的な機能性を追求する道具であることによって共通し，形態から用途を比較的容易に類推しうる場合が多い。遺跡から発見される遺物には，うえの分類にぞくさない精神生活に係る分野の遺物があり，それは祭祀具や宗教遺物とよばれるものを主にするが，当面する装身具もすぐれて観念的な要素にとむ遺物である。

　狭義の装身具はそれを身につけることによって，物質的な効果を直接にうみだすことはない。石斧よりも鉄斧のほうが能率的に木をきることが可能であり，より耐久性のあることは，実際に木をきってみることによって誰にでも理解できるであろう。しかし，宝玉をまったくみたこともない人々にとって，美しいものと認めることは可能であっても，それ以上のものではない。つまり，宝玉がまれにしか入手できない貴重品であり，それに人事をこえた価値を認める共通認識が存在しなければ，宝玉を身につけて社会的な位置の高さを強調するという意思は働かない。

　たとえば，縄文時代の牙製首飾はクマやイノシシの牙でつくられ，これを人体につけることによって，猛獣の霊力を人体に宿らし，着装者の勇気を鼓舞し，悪霊を追い払うものとされている。この場合，着装者が猛獣の霊力を宿したことを感知し，かれのぞくする社会集団が霊力の付加をみとめなければ，まったく無意味なものになってしまう。霊力のような抽象的な概念を象徴する装身具は，社会集団の約束ごとのうえに成立するのであって，習俗や発展段階をことにする社会ではその価値が存在しえないのである。

　観念的な要因にもとづいて成立した装身具について，遺物の形態だけから効能なり使用法を推測することは，きわめて困難なことであり，用途を決めえない装身具らしい遺物も少なくない。死者の埋葬遺体とともに装身具が発見される場合，その着装法をたどることは可能である。遺体にともなって発見される部位によって，首飾・耳飾・腕輪を識別できる場合は少なくない。奈良県新沢126号墳の埋葬にともなって発見されたおびただしい金製歩揺は，出土位置から衣服に縫いつけられていたことが推測できるのであって，単独で歩揺のみを発見したならば着装法を推測しえなかったであろう。一方，抜歯や頭部変形など人体に直接加工した人体装飾も埋葬人骨から確認しうる顕著な事例である。

　土偶・原始絵画・埴輪など同時代の風俗を描写した遺物は，装身具をふくむ服飾を復元する有力な手掛りになっている。しかし，土偶や原始絵画は描写が簡素であり，埴輪は古墳時代の後半期に限定されるなどの制約がある。きわめてまれな例である奈良県高松塚古墳の壁画を別にすれば，厚葬が減退し出土遺物が乏しく，日常生活を描いた絵画彫刻を欠いた7世紀以降律令制時代の装身具は，古墳時代よりも不明なところが多いのが実情

である。著名な『魏志倭人伝』をはじめ『古事記』『日本書紀』などの古典も原始古代の服飾をしる有力な手掛りであるが，漢字の言葉で記された品名の考証から具体的な実像を描くのにも限界がある。

上述の牙製首飾の効用は民族学の成果をとりいれた解釈であって，純粋の考古学的方法論によってのみ導かれたものではない。たとえ，考古学的方法によって装身具の着装法を決定しえたとしても，使用法や機能について考古学のみで論証することは困難であるといわざるをえない。ここにおいて未開民族の習俗や現代人の民俗の検討，あるいは古典学との提携が不可欠のものとなる。一つの完結した原始集落を想定しうる墓地の発掘で，多数の埋葬遺体よりも質量ともにすぐれた装身具をもつ少数の埋葬遺体を発見した場合，しばしば祭祀者ないしは呪術者に判定し，集落の指導的な地位を占めた人物であるという。だが，遺跡に即した個性豊かな人物像を描き出すことはむつかしい。着装した装身具から，何を祀り，何を祈り，何を呪咀したかという心のひだにふれる問題に対する解答はなかなか期待しがたいのである。

もう一つ例をあげよう。8・9世紀の古墳ないしは蔵骨器から，しばしば金属や石製の帯飾が発見される。しかし，現在までの出土遺物だけでは，それが律令制下において全国の官人を階層的に区分した権威の象徴であるとの解釈には立ち至らないであろう。というのは，「養老令」などの古典の裏付けによってはじめて律令制下の所産であり，身分規制を表現した装身具であるというからである。

遺跡から発見される装身具は，材質的な制約をうけている。一般的なものは，土・石・骨角・貝・金属など腐蝕しにくい材質にかぎられ，保存条件によって存在が左右される植物質や繊維質の装身具はきわめて少ない。土や石などでつくった一般的な装身具には，一見して装身具とみとめられるもののほか，用途をきめがたい遺物もふくむ。土鈴のようにみえる縄文時代の土製垂飾やボタン形土製品，縄文時代の岩版・土版あるいはその系統をひくとされる弥生時代の分銅形土製品などがそれである。一方，祭祀遺跡などから発見される土製の玉珠などは装身具の形をとっているとはいえ，神への奉献物であって実用品ではない。

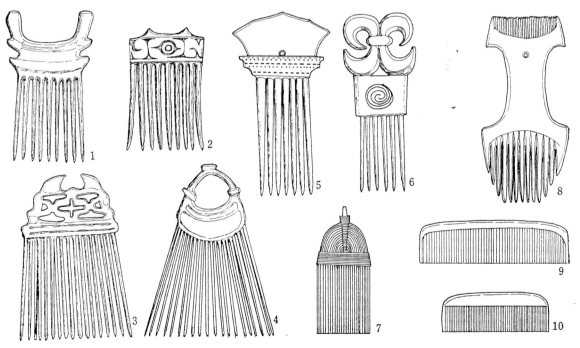

日本出土の櫛
1～3 縄文時代　4～6 弥生時代　7 古墳時代　8～10 奈良時代
1 福井・鳥浜貝塚　2 北海道・千歳美々4遺跡　3 北海道・御殿山遺跡　4 三重・納所遺跡　5 大阪・東奈良遺跡　6 滋賀・服部遺跡　7 栃木・七廻り鏡塚古墳　8～10 奈良・平城宮跡　〔縮尺不同〕

日本では衣服など有機質の遺物がきわめて遺存しにくい条件であるため、装身具をふくむ服飾品の研究に大きな片寄りがある。常識的にみて服飾品の大半が有機質の素材でなりたっているのであるが、その手掛りを欠くことはこの方面の研究をきわめて困難なものにしている。希望がまったくない訳でもない。近年における低湿地部の発掘調査の拡大によって、一般の遺跡では残存しにくい木製遺物の事例が増加しつつあるからである。従来から知られてきた縄文時代後晩期の竪櫛は、青森県是川遺跡や北海道御殿山遺跡出土のものが著名であり、竹条のひごを束ね基部を漆で塗り固め、透彫り風の文様をほどこした結縛式のものだけであった。これに対し、福井県鳥浜貝塚出土の縄文時代前期の竪櫛は、木の板の端に歯を刻み込んだもので、そのうち1枚は基部の左右から角状の突起をつくりだした装飾性のつよい漆塗りの刻歯式のものであった。この新発見によって、木製刻歯式竪櫛が古い形態である可能性が強まるとともに、縄文時代を通じて存在する骨製刻歯式竪櫛の原形も木製ではなかったと考えられるようになった。骨製竪櫛には歯が4・5本しかつかず、機能的には8本の歯を刻んだ木製品に劣り、髪をとくという実用性よりも基部の透彫り文様に重点がおかれた飾り櫛であったとかんがえるほうがよいようである。鳥浜貝塚の木製竪櫛は東アジアでも古い例にぞくしており、中国の大汶口文化の象牙製竪櫛や殷代の玉製竪櫛とも類似した形態をとっており、東アジアでは刻歯式の竪櫛が共通して古いという想像がなりたつ。

弥生・古墳時代の木製品は、縄文時代よりも豊富に出土している。櫛・腕輪などの新例を徐々に増加させているが、木製品の場合でも装身具らしい形状をとりながら用途を決めがたい遺物がある。装飾性を加味した扇の柄のようなもの、玉杖形石製品に類似する柄の形をとるものなど、石器や金属器とは形状をまったくことにするものが多い。とはいえ、依然として木製装身具の出土例は少なく、形式編年とか地域性の検討に耐えうるほどの出土量はなく、今後の資料増を期待する状況である。

2 装身具の持続性と断続性

装身具は成立理由によって、つぎの2群に大別できるであろう。一つは観念的な世界の所産として発生し、物理的な効用のない装飾自体を目的としたもので、かりに加飾装身具とよんでおく。もう一つは、即物的な実用機能を目的として成立しながら、それに装飾性を加味したもので、実用的装身具とよびわけることにする。両者は発生的には動機を異にしているのだが、使用時には一体となり、共同の歩調をとりながら一つのファッションを形成することになる。

縄文時代の加飾装身具は、耳・首・腕・指・腰に対してなされ、踝を飾った可能性はあるが、鼻を飾った確証はない。土偶によって文身がなされたことも推測されている。それらには、各種の通過儀礼の証しとして着装されたらしきものもふくみ、硬玉大珠などは集落内の特定層の所持品のようである。櫛と簪は、縄文時代の数少ない実用的装身具である。木・竹・骨を素材とする竪櫛についてはすでにのべたが、簪も同じ傾向をとるらしく、装飾を重視した骨角製品が多数存在している。他方、着装位置を決めがたい加飾装身具らしい骨角器が少なからず存在しており、衣服に縫いつけた装身具も予想されるのであるが、具体像を把握しがたい。

弥生時代の加飾装身具は、首・腕・指などに縄文時代の遺習が残存し、文身も行なったようである。ただし、耳飾はみられず、指飾も一般的でない。つまり、この状況は稲作を中心とする生産形態に変換しながらも、精神行動の面ではなお縄文的な規範が根強く存在した可能性を示している。この時代に登場する加飾装身具は、朝鮮半島から伝えられた北方青銅器文化の末流にぞくし、着装者の権威の象徴として機能する場合が多く、大衆化していない。頭飾りとしてはガラス管玉を連ねたヘアバンドや銅片の額飾がまれな例として存在する。首や胸部には縄文時代以来の玉珠飾や鹿角製叉状飾にくわえて、玉珠をガラスでつくったり鏡片をペンダント風に飾ることが行なわれている。腕飾では木製品のほか、貝輪が異常に発達し、特定階層の専有物になる。また、輪状の銅釧や貝輪をまねた銅釧も登場している。腰飾に限定しうるものはないが、移入された各種の銅製部品や鏡片あるいは銅鐸片などを腰に下げたこともかんがえられる。これら新式の装身具はまとまりのあるセットとして整然と導入された形跡はなく、きわめて断片的な事例の集積にすぎず、稲作りの生産工具がその当初から一貫したセット関係を維

持しているのに対して著しくことなっている。実用的装身具の場合も同じ傾向である。縄文時代からの櫛や簪がのこる一方、装飾性の強い木製短甲、盾につけたらしい巴形銅器、銅剣ないしは鉄剣の装飾のある外装具などが存在するのであるが、概して貧弱である。

弥生時代の装身具は銅・鉄・ガラスなど当時の先端技術をいち早く利用している点に特色があるが、数千年の長い歴史過程で成立した縄文時代からの装身具から完全に離脱していない。銅鏡・銅武器・銅鐸が縄文時代とは全く別種である稲作時代の祭祀具としての道を確立しているのに対して、個人の身辺を飾る装身具にはそれほどの独自性がないのである。

古墳時代の前半は、弥生時代の装身具を踏襲し定型化させた時代である。鉄製短剣の外装を飾る直弧文で代表する武器・武具類が、実用的装身具に著しく接近している。玉珠が定型化するとともに、かつての貝製腕輪が着装することのない宝器としての石製鍬形石や車輪石などに変貌していく。鏡が姿見という実用的機能性よりも、太陽の神聖さを代行する宝器として珍重されたのと同じ道を歩んでいるのである。装身具や工具・武器などを玉に形どり神への奉献品にしたり、王者の権威の象徴とする習俗は新石器時代後期の中国ではじまり、殷代以降漢代に至るまで著しい発達をとげている。時代的に格段のへだたりがあるが、日本でも同じような現象がみられるのである。日本独自の思考にもとづいて出現した可能性はすてきれないが、中国との関係で説明することもできる。

江戸時代の発掘と近年の調査で出土した福岡県三雲遺跡のガラス製璧と四葉座金具は、弥生時代の北部九州の王が死に際して楽浪郡を経由して漢王朝から賜与された葬具であった可能性がある。死者の権威を示す璧と貝輪の機能を重複させたのが鍬形石であり車輪石ではなかったかと想定するのである。

古墳時代後半期の装身具は、一大変革をとげる。その最大の特色は朝鮮半島で製作された金銀製品の大幅な導入とその国産化である。金銅冠・金製耳飾・金製釧・金製指環・金銅魚佩など加飾装身具、金銅製布帯・金銅飾履あるいは金銅で飾った武器・武具・馬具の実用的装身具がそれであり、従来からの玉珠にもトンボ玉などを加えて華麗さをます。日本人が身体中を金銀の装身具でピカピカに飾りたてたのはこの時代がはじめてであり、それ以後も絶えて行なわれることがなかった。この現象は当時の急激な社会変革の一斑を反映するものであって、朝鮮三国との交流や中国南朝との交流が活発化したことの所産である。同時に、多数の渡来人が列島に流入し、政治・経済・文化など各方面の価値観が大陸風に塗りかえられていったことの現われでもある。だが、新羅王朝の金銀装身具が身分関係を厳密に規定する礼服にもとづいているらしいのに対して、日本での出土状況は断片的であり新羅ほどの厳密性がたどれないところが、新羅と倭の国家的発展段階の相違を示しているようである。しかしながら、この新しい習俗が九州から東北地方までほぼ全国的に、しかも画一的に流布している点が重要である。新式の装身具が鉄製の武器・武具・馬具ともども急速に普及する状況は、軍事力を媒体にしてこの時代に編成されていくヤマト政権と地方政権との対応関係を物語る重要な標識になっている。

朝鮮・中国との関係が一時杜絶し、新たに中国との国交を再開する7・8世紀、金銀で代表される華麗な装身具は影をひそめる。大陸的な装身具が一過性のものであり、彼地との関係が薄らぐと必要性を感じなくなったのであろうか。この時期の装身具は少なくなお不明な点は多いが、8世紀に確立する官人の朝服は唐の制度にもとづくものであり、かぶりもの、衣服、革帯、靴の質地や色調が身分的に規制された以外、かつて存在した数々の加飾装身具は身体からまったく拭払されてしまった。

特集●装身の考古学

装身の歴史

縄文時代から平安時代にいたる装身の歴史はいかなる変遷をたどったであろうか。それぞれの時代の特色と性格を探ってみよう

採取の時代／農耕の時代／大王の時代／律令制の時代

採取の時代

国立歴史民俗博物館
■ 春成秀爾
（はるなり・ひでじ）

縄文時代の装身具と抜歯は，居住集団の内部で血縁者と
非血縁者とを区別するという客観的な機能をもっていた

　縄文時代の装身手段は，大きく2つに分けられる。1つは，髪飾・耳飾・頸〜胸飾・貝輪・腰飾・仮面など身体外の装身具を着用することである。他の1つは，抜歯・叉状研歯など身体そのものを加工・変形することである（これには，瘢痕・入墨・塗彩など軟部に対する加工も含まれるが，その具体相を明らかにすることは困難である。ただわずかに，一部の土偶にみられる眼下から頬にかけての2本線による八字形の描出が入墨の表現ではないかと推定されている[1]だけである）。
　装身具と身体加工とを比較すると，前者が着脱可能なものを含み，実際，耳飾などは着脱・取り替えが行なわれ，それゆえに一定の流動性を伴うのに対して，後者は一旦そうすれば2度と元の状態に戻すことができない固定的な痕跡をのこすという点で，大きくちがう。では，日本では装身具と身体加工はいかなる意義をもって生み出されてきたのであろうか。そして，両者はいかなる関係にあるのであろうか。

1　装身の発達

　装身具は，ヨーロッパやシベリアでは後期旧石器時代にすでにみられ，中国の周口店上洞遺跡からも各種の玉類が発見されているので，ヨーロッパなみに石刃石器群のひじょうな発達をみた日本の旧石器時代にも，装身具は存在した可能性はつよいと思われる。
　縄文草創期では，長崎県福井洞穴遺跡から発掘された土器片加工の有孔円板がおそらく現在知られる最古の装身具であろう。類似の形状を有するマンモスの牙製品は，シベリアのマルタ遺跡から小児の埋葬遺体の胸部におかれた状態で発見されているので，おそらくそれと同類の一種のペンダントとみてよいと思われる。これに次ぐ古さを与えられる装身具は，早期の茨城県花輪台遺跡出土の猪牙製玦状耳飾や愛媛県上黒岩遺跡出土の貝玉や2孔を有する長三角形扁平な石製品であるが，なおその実態はつかみがたい。
　ところが，前期にいたると俄然，滑石その他で作られた玦状耳飾が九州から東北地方までひろがり，富山・新潟・長野の3県から製作遺跡も6ヵ所以上報告されている。いうまでもなく，この時期に耳飾に対する社会的需要が急激に高まったことを示す。耳飾はその後，中期になると土製品が現われ，後・晩期には東日本で精巧に浮彫されたものなどが盛行する。一遺跡からの出土数は，長野県深町295点，エリ穴151点，大花95点，群馬県千網谷戸670点以上，埼玉県高井東129点というように多量である。しかし，次の弥生時代になると，耳飾は完全に姿を消す。

耳飾とならぶ装身具の双璧は，貝製腕輪である。貝輪の登場するのは前期であるが，その盛行期は後・晩期であった。例えば，千葉県余山遺跡からは390個以上採集されているし，古作遺跡では2個の蓋つきの深鉢形土器のなかにそれぞれ32個，19個容れられた状態で出土している。福岡県山鹿遺跡では発掘された成人埋葬遺体15体のうち7体までは3〜26個の貝輪を着装していたし，岡山県津雲遺跡では71体のうち14体に貝輪の着装が認められた。だが，この貝輪も弥生時代になると一部の地域をのぞくと急激に廃れてしまう。

それに対して，鹿角の叉状部を利用した鉤状突起をもつ短剣状の叉状角器あるいはその把部と推定される腰飾は，出土例こそ少ないが，東北地方から九州の中期から晩期，一部は弥生中・後期まで佩用された。晩期の腰飾は愛知県から岡山県までの範囲から多産しているが，遺体着装出土が常態で，貝層中から遊離出土することは稀である。

大正時代に人骨収集の目的で埋葬人骨の発掘が盛んに行なわれるようになった時，その副産物として装身具に対する関心も著しく高まったが，その頃の関心は，装身具の着装者と性がどこまで結びつくのかという点にほとんど限られていた。それから50年余り経た現在，この問題についてどこまで発言できるようになったのであろうか。

耳飾の着装埋葬のもっとも古い例は，大阪府国府遺跡で知られているが，それは6例すべて女性であった。しかし，中期以降になると，耳飾の男性着装例は確実に増加してくる（表1）。

貝輪のばあいも，前期の着装例4例はいずれも女性で，その傾向は中期になってもかわらない。このあと後期にいたって男性の着装例も現われるが，大勢はかわらないままに終焉を迎える。

その一方，叉状角器・腰飾は中期に登場するが，その圧倒的多数は男性の埋葬に伴っており，数少ない女性着装の腰飾は，鉤状突起をもたない管状品であることが注目される。

このように，古い時期には女性だけであった装身具の着装例は，時期がくだるにつれて次第に男性にまで拡大されていく傾向にある。しかしながら，すでに指摘されているように[2]，装身具を着装した状態で埋葬されている例は，通常は，全体のごく一部，10% に満たない。半数の人が着装している福岡県山鹿遺跡のばあいは，例外といってよいほどである。

それに対して，身体加工の代表たる抜歯は，縄文前期に下顎中切歯2本を抜去する I_1 様式が最初に現われるが，普及率はきわめて低い。しかし，中期末から後期前葉に東北・関東地方に上顎側切歯の左右どちらか1本を抜去する I_2 様式が登場し，今度は1集団の構成員のうち成人はほとんど全員が抜歯されるほど普遍的な習俗となる。やがて，後期中葉になると上顎左右の犬歯を抜去するC様式へと移行し，末葉には上下の犬歯4本を抜去する2C型が登場する。そして晩期には東日本では後期末のままにとどまる O·2C 様式であるが，西日本では上顎犬歯2本に加えて下顎の全切歯4本を抜く 4I·2C 様式へと発展する。この晩期には1人最多14本抜去された例があるほど，抜歯は極度の発達をみせる。しかし，次の弥生時代にいたると急速に衰退していく[3]。

装身具と抜歯の普及時期をくらべると，九州では後期中葉の山鹿遺跡では装身具の着装率はひじょうに高いけれども，抜歯はまったく施されていず，後葉になってはじめて抜歯は普及する。本州のばあいも，耳飾や貝輪のほうが抜歯よりも早く盛行しはじめるから，大きくみれば装身具着装は身体変工に先行するといえよう。

2　装身の原理

縄文時代の装身は，別の観点からみると，成人のほとんど全員がかかわるものと，一部の者だけがかかわるものとに分類することができる。前者は I_2 様式以降の抜歯がその典型例であるが，中部・関東地方晩期の土製耳飾も1遺跡からの出土量の多さからするとその可能性がつよい。

抜歯のばあいは，中・後期の I_2 様式では右を抜くR型と左を抜くL型，晩期の O·2C 様式では上顎のみを抜くO型

表 1　装身具着装者の時期別・性別統計
（叉状角器は腰飾を含む）

時期＼性	腕輪			耳飾		玉類			叉状角器	
	男性	女性	幼小児	男性	女性	男性	女性	幼小児	男性	女性
前　期	—	4	—	—	6	—	1	—	—	—
中　期	—	4	—	1	2	—	—	—	4	—
後　期	3	12	—	2	2	2	3	—	1	1
晩　期	3	20	4	6	10	3	—	2	33	8
計	6	40	4	9	20	5	4	2	38	9

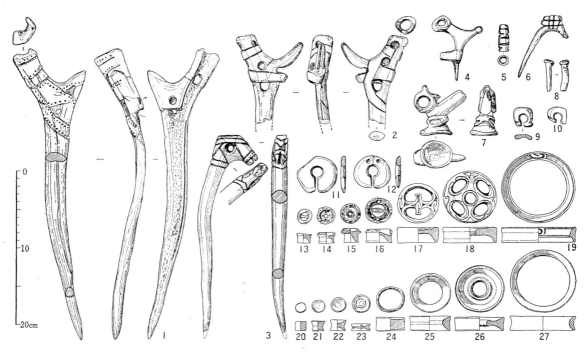

叉状角器（1 宮城・屋敷浜　2 宮城・大木囲　3 東京・千鳥久保），腰飾（4・5 岡山・津雲　6 愛知・吉胡　7 岡山・中津）
猿橈骨製耳飾（8 愛知・吉胡），鹿角製耳飾（9・10 岡山・中津），玦状耳飾（11・12 大阪・国府），土製滑車形耳飾（13〜
27 埼玉・高井東）〔4 小林行雄原図，5 清野謙次原図，13〜27 埼玉県教委原図，他は筆者原図〕

と上下顎を抜く 2C 型，4I・2C 様式では下顎の切歯を抜く 4I 型と下顎の犬歯を抜く 2C 型というように，同時期の1集落内に対立する2型式がつねに並存し，その割合は基本的に1対1である。しかし，2型式と性とは一致しない。岡山県津雲遺跡では 4I 型は女性に多く，2C 型は男性に多いのに対して，吉胡など愛知県の諸遺跡では 4I 型・2C 型ともに男女ほぼ半数である。したがって，性以外の原理にもとづく二分であることは明らかである。

その一方，晩期の耳飾のばあいは，大きく有文と無文のグループに分かれ，両者の割合はやはり1対1となる。この二分の意味についてはいくつかの可能性が考えられる。

例えば，耳飾を着装するためには耳朶に穴をあけなければならないが，最大径 10 cm にも達する巨大な耳飾を着用するに至るまでには，徐々に穴を大きくしていくほかない。それには穴を拡げてはそれを固定する装置が必要となる。有文と同様の大中小の大きさをもつ無文の耳飾はそのための仮の装具であると考えるのが一つの解釈である。

ところが，無文でも丹塗りされている例が含まれており，その割合は有文の丹塗り例と大きく異なるというわけではない。丹塗りが仮の装具になされるとは考えにくいとすれば，無文のものも実用品ということになる。この解釈では，穿孔用の装具は木製品であったとでも考えなければなるまい。いずれにせよ，1人の人物は一生のうちに何対もの耳飾を消費するのであって，1遺跡あたりの耳飾の出土量の多さは，このことも示しているのであろう。

そのばあいでも，無文は日常用，有文は儀礼用という解釈もありうる。しかし，土製耳飾に関しては，埋葬遺体の着装例が僅少である一方，住居址や包含層からの出土例が大部分を占めるという実態からすると，日常的には着用せず，儀礼の折にのみ着装していた可能性がつよいように思われる。

そうだとすると，儀礼の際に，1集団内に有文耳飾を着装するグループと無文耳飾を着装するグループの人々がいたことになる。とすると，そのあり方は抜歯と共通することになるが，他方，華麗な立体文様を有する耳飾着装者と，文様を全く欠いた耳飾着装者というきわめて対照的な二者に区分されていたわけで，両者の関係はとても対等なものであったとは考えにくい。

それに対して，叉状研歯・叉状角器・貝輪は，

表 2　縄文晩期の抜歯型式と装身との関係

抜歯型式	性	叉状研歯	腰飾	腕輪	耳飾
4I型	男性	7(+1)	10	1	1
	女性	7	4	5	2
4I2C型	男性	—	1	—	—
	女性	4	1	5	1
O型	男性	1	5	—	2
	女性	—	—	—	—
2C型	男性	—	2	—	1
	女性	—	—	2	3
2C2I型	男性	2	—	—	—
	女性	1	—	3	1
不明	男性	—	4	2	2
	女性	1(2)	2(6)	5(2)	3
無抜歯	男性	—	3	—	—
	女性	—	1	(4)	—
合計	男性	11	26	3	6
	女性	13(2)	8(6)	20(6)	10

（註）（　）内は性不明の例数。

1集団の構成員のうちの一部にとってのみ装うことのできるものであった。叉状研歯についてみると、その分布は愛知県・大阪府にのみ知られ、その頻度は成人10〜20人に1人の割合で、性は男女ほぼ半数ずつである。これを、抜歯型式との関連でみると、いずれも4I型系列に一方的に偏っている。抜歯型式だけでは対立する2型式にしかみえないけれども、叉状研歯・装身具着装などその例数が少ないところから、そうでない人たちよりも社会的地位が優位にあると考えられている人たちは、4I型の中に集中的に含まれているわけである[4]（表2）。さきの土製耳飾も盛行地域は東にズレているが、その構造が酷似していることはいうまでもない。したがって、装身のあり方によって二分される人たち同士は対等な関係にあったのではなく、優劣の関係におかれた2グループであったと考えざるをえない。とすると、4I型・2C型をそれぞれの標徴とする半族からなる双分組織の存在を抜歯資料から想定するわけにはいかない。そこで私は、抜歯の片方の型式——西の4I型、東のO型、またはR型——はその土地出身者に施され、もう一方——西・東共通の2C型またはL型——は他集団からの移入者＝婚入者であると解釈したのであった[5]。

そして、晩期に本州から九州にいたるまで共通する上顎犬歯の抜去が、下顎歯の抜去に先行し、14,5歳ごろに始まるので通例であるところから、これこそこれまでいわれてきた成年式の折の抜歯であろうと考えたのである。

3　採取社会の装身

以上に述べた各種の装身の大部分は、弥生時代にはまったく継承されない（耳飾・叉状研歯）か、または継承されたとしても中期ごろまでである（貝輪・抜歯）。そして、後者のばあいは、長崎・神奈川・千葉県などの沿岸部や東日本の山間部など縄文的生活様式を保つ集団に偏っている。したがって、これらの装身手段は基本的に、採取経済の社会である縄文時代に固有のものということができよう。

では、なぜ採取社会においてはこのような装身が発達したのであろうか。抜歯様式内での型式差、装身具着装の有無あるいは装身具の型式差が、出自と結びついていたと推定するならば、その発達はこの社会において出自——血縁の有無が重視されていたことの証しとなろう。

そうとすれば、縄文前期に玦状耳飾が多量に製作されるのは、この時期に定住生活が始まったことと無関係ではないのではあるまいか。すなわち、定住生活は各集団の配置を隣接集団との関連において定め、集団領域を固定化するとともに、成員構成をも固定化し、集団間の常時的な対面関係・緊張関係の成立へと導く。定住が出自意識の発生の重要な契機となりえたのではないかと推察される所以である。そこで私は、装身の歴史に一つの画期をもたらしたのは、他集団から婚入してくる人たちに対する出自意識一差別意識の顕現であったと考えておきたい。

そして、二つ目の画期をなす抜歯習俗の普及の基盤として考えられるのは、この時代に男性の労働として始まった漁撈活動の一層の発達ではあるまいか。それは、これまでの性別分業体系の均衡を打ち破っていったと推定されるが、その基盤のうえに、男性が婚姻後も出身集団にとどまろうとする欲求をもつようになったのではないだろうか。縄文・弥生時代の墓制・抜歯習俗の分析によると、縄文後・晩期にまず東日本が妻方居住婚から夫方居住婚へと移行し、東海地方西部以西の西日本も晩期〜弥生中期ごろにその方向へと傾いていくことが判明する[6]。装身が発達するのはまさにこの時期なのである。さらに付言すれば、東北地方晩期は縄文文化の爛熟する亀ヶ岡文化の時期で、土器や土偶などの異常な発達がみられるにもかかわらず、抜歯は西日本ほどは発達しないし、

装身具の着装埋葬例も少ない。そして，この時期にはすでに夫方居住婚が支配的となっていたのである。このことは，装身の発達と選択居住婚との深い関係を示唆するが，それはこういうメカニズムがあったと考えられはしないだろうか。

選択居住婚のもとでは，男女ともに婚入してくるために，男女それぞれの集団内にその集団出身で財産の相続など諸々の権利を主張し享受できる人たちとそうでない人たちとに分断されることになる。そうした矛盾は，妻方居住婚または夫方居住婚が支配的な社会では潜在化するとしても，選択居住婚の社会においては表面化するのではあるまいか。そうなると，その集団出身者たちは自己の主張する権利の正当性の根源を始祖との系譜的・血縁的なつながりに求めるほかないであろう。又状角器について私はかつてその鉤状部が霊を結びとめるシンボリックな機能をもっていたのではないかと想像した[7]が，同様の機能をもちうる貝輪とともに，集団内の一方のグループだけが装着しうるこのような装身具は，自己と集団の始祖とをつなぐ媒体として存在したのではないだろうか。

装身は，基本的な属性として異化と同化の両機能をもつことが指摘されている[8]が，縄文社会においては，その主要な内容は成年を未成年から区別し，内外に示すこと，身内を他所者から区別しその結束を固める一方，身内と始祖とを結ぶことであったと思われる。装身の発達する時期に地域的なズレがみられるのは，装身がかかる集団構造をもつ社会に密着した存在だったからなのである。

註
1) 高山　純『縄文人の入墨』講談社，1969
2) 菊池義次「千鳥久保発見の骨角器を着装せる人骨に就て」古代，25・26，1957
3) 春成秀爾「抜歯」考古遺跡遺物地名表，柏書房，1983
4) 春成秀爾「縄文晩期の装身原理」小田原考古学研究会会報，9，1980
5) 春成秀爾「縄文社会論」縄文文化の研究，8，雄山閣，1982
6) 註5）と同じ。
7) 註4）と同じ。
8) 川田順造『サバンナの手帖』新潮社，1981

農耕の時代

奈良国立文化財研究所
■ 岩永省三
（いわなが・しょうぞう）

弥生時代の装身には縄文時代からの伝統を引くものと，大陸から伝来したもの，そして弥生時代独自のものの3つがある

1　弥生時代装身具の3要素とその識別

弥生時代の装身具は，弥生時代の他の文化要素と同様に，縄文文化からの伝統を引くもの，大陸から伝来したもの，弥生文化独自のもの，の3者に大別できる。

装身具のある器種が縄文時代の系譜を引くと判断するのは，その器種の概形・素材・製作法などが縄文時代の同一器種と一致する場合（環状の朱漆塗木製腕輪，木製縦櫛など）が多い。大陸から伝来したものの中には，製品そのものが舶載されたもの（ファイアンス玉・一部の青銅製環状腕輪など）と，導入された新習俗の中で用いられたもの（刻骨など）とがある。弥生時代文化独自のものの中には，器種としては独自でも，大陸から導入した新技術（青銅器鋳造技術・鉄器鍛造技術・ガラス加工技術など）の存在を前提として成立したものがあるとともに，素材の選択・加工技術の上では縄文時代以来の伝統を踏襲するものもある。いちおうこのように整理はできるが，個々の装身具の系譜を追跡する場合，主要基準のとり方（素材・形態・製作技術・機能）によって，答は微妙に異なってくるのであり，判断の難しいものが多い。しかしこのこと自体が，弥生時代装身具の特質の1つとも言える。この点についてさらに具体例を調べよう。

まず金属製の環状腕輪をとりあげる。舶載品で楽浪系銅釧と呼ばれる鋳造品は，長崎県対馬・佐賀県に多い。静岡県・長野県・関東地方の各地で出土する鋳造品ないし銅や鉄の薄板を曲げて作ったものは，通常日本列島産と考えられており，大阪府鬼虎川遺跡では鋳型が出土した。日本列島産環状腕輪の系譜については2説ある。町田章氏は「漢式腕輪の国産化」と評価する[1]が，芋本隆裕氏は鬼虎川遺跡出土鋳型の製品を，奈良県唐古・

大阪府山賀・大阪府東奈良の諸遺跡の出土品のような木製環状腕輪[2]を祖型とし，木から青銅へと材質転換させたものである可能性を考えた[3]。

次に勾玉をとりあげる。弥生時代の勾玉の多くは縄文時代の勾玉の系譜を引く。しかし，内側腹部に突起をつくり頭部と尾部を直截にした「櫛形勾玉」や，頭尾の両端を直截にした「半玦状勾玉」は，類似品が朝鮮半島から出土することを根拠に，船載品ないし「朝鮮式勾玉の影響のもとにつくられたもの」である可能性も考えられている[4]。ともに中部・関東地方にまで分布し，朝鮮系か否かの判定のもつ意味は小さくないが，森貞次郎氏はこれらを大陸系の系列に置くことは困難とした[5]。

さらに鹿児島県種子島広田遺跡出土の貝製垂飾りをみよう。これには中国の獣面文や竜文に起因するとされる文様が施されている。遺跡の上下2層のそれぞれから出土した貝符の文様を調べると，曲線的で複雑な文様が時間の推移とともに簡略化され，直線的な文様に移っていく過程がわかる[6]。このうち饕餮文の原義[7]からみて，もっとも饕餮文に近い文様が貝符の型式変化の最終段階のものにみられるという指摘[8]もあり，これは下層出土貝符の文様系譜の再考を促すであろう。

以上の例のように，ある地域でみられる特定の品目を非在来品の導入やその仿製により出現したと考えるのか，在来系ないし在来の別素材品の材質転換品と考えるのかという問題は，その地域の弥生時代社会のあり様を評価する上で一定の意味をもつ[9]。ここで問題にした品目の場合，貝符を除けば形態が単純で，断面形などの形態細部を仔細に分析してもなお，どちらの系統に属すかの弁別は難しい。しかし，腐朽しやすい素材からなる装身具も今後出土例が増加することを考えれば，従来前者と評価していたもので，後者に操り込まれる例がないか再検討する必要が生じよう。

2　身体装飾・身体変形に関して

縄文時代に存在しながら弥生時代に伝わらなかった品目の1つに耳飾りがある。高倉洋彰氏は「耳飾りの欠如は縄文人のそれが耳たぶに孔をあける性質のものであっただけに無視できない」と述べた[10]。この点に関連して身体そのものに加える装飾または変形について一瞥しよう。

抜歯風習は弥生時代にも存続するが，やがて衰退した。抜歯の意義をどう考えるにせよ，社会の

変質がその原因であるには違いない。一方，入れ墨は関東地方の人面付き土器にそれらしい表現がみられることや，『魏志倭人伝』に記載があることを根拠に，盛んであったと考えられている[11]。入れ墨は身体を直接傷つけ，ひとたび施せば一生消えないという点では，耳たぶの孔や抜歯と共通し，単なる身体塗色とはかなり異なる。しかし耳飾りが欠如し抜歯が衰退していく弥生時代社会において，『倭人伝』を信ずる限り入れ墨が盛んとなれば，入れ墨のはたした社会的機能を抜歯のそれと峻別して考えねばならない。もちろん『倭人伝』が「朱・丹」による身体塗色と「黥面・文身」とを区別して記すとはいえ，入れ墨の存在について記載内容を疑うことはできる。また，具体的造形作品上で入れ墨の様相を探る場合，入れ墨と身体塗色とが表現手法上で，どの程度区別されていたのかについて慎重であらねばなるまい。これは人物埴輪を分析する場合でも同様である[12]。

3　装身具の色彩

装身具の色彩についてとくに触れた研究は少ないので，ごく簡単に触れる。装身具の色彩という場合，わざわざ塗色するもの（イとする），素材の色そのものと一致するものとがある。後者には，ある特定の色彩を有す素材（天然・人造）が意図的に選択された場合（ロ）と，素材の選択に際し色彩以外の要素が重視され色そのものは結果的に決ったにすぎぬ場合（ハ）とがあり，（ロ）か（ハ）かの決定は難しい。たとえば，木下尚子氏は南海産巻貝製貝輪について，弥生社会にとりいれられて後一定期間を経ると白色腕輪への志向が明瞭化するが，その白色への意識も貝輪に付随する価値の変化とともに貝種を限定する条件から脱落してしまうとした[13]。たしかに魅力的見解ではあるが，この判断には実の所白黒を決めがたい。金属製装飾品の場合も（ロ）か（ハ）かの認定は困難である。

玉類は通常（ロ）と考えられている。弥生人が玉類をどう分類したのかは知る由もないが，当時の中国人の認識は知ることができる。『魏志倭人伝』は3世紀の倭国の産物ないし魏への貢献品として，「真珠」「白珠」「青玉」「青大句珠」をあげる。これによれば，3世紀の中国人は玉類の色彩「青・白」と形態「珠・玉・句珠」とを別分類項目としており，両者を一体として把握していたの

ではないようである。ただしこれが弥生人の認識と一致するかどうかは不明である。また、この4者が実際に考古資料中の何に相当するかについては諸説あり[14]、一致をみていない。

（イ）の代表例は、赤色顔料を塗布した木・竹製装飾品（櫛・簪など）である。これらは、一般に祭祀用品ないし祭祀の場に赤色顔料を用いることが多いことから敷衍して、祭祀用品ないし祭祀関係者の使用品と考えられることが多い。しかし現状では、出土数が僅少で1器種内での赤色顔料塗布品と非塗布品との比率も確定できず、前者の機能ひいては「赤色」の意義も、こと装飾品に用いているものに限っては、いまだ確定できない。一方、大林太良氏は記紀における用例から「赤・黒の対は軍事的な機能と関係があるかもしれない」とした[15]。静岡県伊場遺跡出土の木製甲が朱・黒の漆を塗り分けてあることから、魅力的な見解ではある。しかし赤・黒の2色を用いた器種には平時用・日常用にもなりえる木製腕輪もあり[16]、この2色の対の被象徴物を解明するには、さらなる類例の増加を待たねばなるまい。

4　装身具の意味転換の1例

弥生時代の装身具の中には、単なる装身具以上の意味をもつものもある。たとえば南海産巻貝製腕輪は、着装者の身分や職制を示すものとされている[17]。そして南海産巻貝製腕輪の形態は、古墳時代には別素材で模され、祭祀的性格をもつようになるという。この解釈は、古墳時代における碧玉製腕飾類の性格の萌芽・淵源を、弥生時代に遡って考えようとするものである。

ただここで問題がある。それは、弥生時代における南海産巻貝製腕輪の性格が北部九州の資料を用いて語られ、一方古墳時代の碧玉製腕飾類の創作者が、現時点では厳密には決められないものの、おそらくは近畿地方の集団と考えられる点である。従来、近畿地方以東で出土する弥生時代の南海産巻貝製腕輪や有鉤銅釧は、北部九州系である点が強調されてきた。しかし木下尚子氏によれば、近畿地方以東出土のゴホウラ縦切り貝輪（立岩型のもの）や有鉤銅釧は、細かくみれば北部九州のものとは製作意識が異なり、在地色を基調にしていたという[18]。この考えを参考にすれば、古墳時代の碧玉製腕飾類（とくに鍬形石）の成立を、形態の上でも性格の上でも、弥生時代における北部九

州の集団の製作物を直接には介さずに説明することが可能となるかも知れない。ただし、そのためには近畿地方出土のゴホウラ縦切り腕輪や有鉤銅釧の性格自体を、さらに明らかにせねばならない。

小稿をなすにあたり田中良之・沢下孝信・杉村幸一・松永幸男・深澤芳樹の諸氏からいろいろ御教示を頂いた。記して謝意を表す。

註
1) 町田　章『装身具』講談社，1979
2) 木製環状腕輪そのものについては，縄文系とみる説が多いが，イモ貝製腕輪との関連性を指摘する説もある。山口譲治「福岡市拾六町ツイジ遺跡出土の漆塗木製腕輪」古代文化，35−1，1983
3) 芋本隆裕「金属器関係遺物出土の意義」鬼虎川の金属器関係遺物，1982
4) 1)に同じ。木下正史『弥生時代』至文堂，1982
5) 森貞次郎「弥生勾玉考」古文化論攷，1980
6) 坪井清足「装身具の変遷」世界考古学大系，2，平凡社，1960
7) 石田幹之助「饕餮文の原義に就いて」考古学雑誌，18−4，1928
8) 岡崎敬氏の見解
9) 3)芋本論文は近畿地方出土青銅製雑品をこういった論点から扱った問題作である。
10) 高倉洋彰「衣生活」日本考古学を学ぶ，2，有斐閣，1979
11) 高倉洋彰「衣服と装身具」古代史発掘，4，講談社，1975。森浩一「日本的生活の芽生え」日本文化の歴史，1，小学館，1979
12) レヴィ＝ストロースの報告によれば，南米のカデュヴェオ族の顔面の装飾（この場合，塗色・入れ墨の両方あるらしい）は40年間かわらず，この間土器は変化しているという。身体に施す装飾の意義を，他の器物のそれとの差に重点を置いて考える場合，参考にすべき事例ではある。レヴィ＝ストロース『悲しき熱帯』上，川田順造訳，中央公論社，1977
13) 木下尚子「弥生時代における南海産貝輪の系譜」日本民族文化とその周辺，1980
14) 寺村光晴「玉」三世紀の考古学，中巻，学生社，1981。1)に同じ
15) 谷川健一・大林太良・松田　修「鼎談　色の象徴と変容」is 増刊号，1982
16) 2)に同じ
17) 高倉洋彰「右手の不使用―南海産巻貝製腕輪着装の意義―九州歴史資料館研究論集，1，1975
18) 13)木下論文に同じ。

大王の時代

県立橿原考古学研究所
■千賀　久
（ちが・ひさし）

古墳時代には弥生時代以来の伝統をうけついだ各種の玉類の
ほかに，舶載された金・金銅製装身具が新たに登場してくる

　日本の古墳から出土する装身具のうち，主に首飾りとして使用された各種の玉は弥生時代以来の伝統をうけついだものであるが，5世紀以降の古墳では金・金銅製装身具が新たに副葬品に加えられるようになる。それらの多くは朝鮮半島から舶載されたものであり，同時にもたらされた馬具や一部の甲冑・環頭大刀などとともに，権威の象徴としての役割りを果たすに十分な金色の輝きと稀少性を備えていた。

　ここでは，古墳時代の装身具の特色を物語るこれらの舶載品の装身具を中心に概要を述べることにする。

1 腰部の飾り

　中国・朝鮮半島で早くから採用され，しかも広範囲に普及した金属製の装身具として帯金具[1] をあげることができる。日本の場合は，奈良県新山古墳例が最も古く位置づけられているが，その系譜については中国の晋王朝からの直接の賜与品の可能性は少なく，鉸具・帯先金具に施された竜文の比較などから，むしろ朝鮮半島を経由し百済などの地で晋代の帯金具を模倣したものと考えるのが妥当であろう[2]。

　同様なことは，その後に続く5世紀中葉代の古墳に見られる竜文透彫帯金具の場合にもあてはまり，大阪府丸山古墳の鞍金具に施された同種の竜文の検討から，中国南朝と高句麗の影響を同時に強く受けた百済北部漢江流域の地域を，その製作地の候補にあげることができる。ただ各セットで竜文の表現が若干異なり垂飾も違いがあるため，必ずしも同一の製作地ではないようだ。とくに福岡県月の岡古墳例では，伴出している双葉環文の帯金具と垂飾が同じであり，伽耶での模倣品と考えられる。なおこの種の帯金具は，短甲ないし挂甲に伴って検出される場合もあり，武装に伴う装具ということになる。その副葬位置が，大阪府七観古墳や奈良県五条猫塚古墳では遺骸から離れた棺外で特別扱いされることなく他の甲冑とともに

納められており，あるいは甲冑に伴って舶載された可能性もある。もしそうであれば，武装時の帯金具という使用法も日本独自のものではないことになる。

　この他にも，半肉彫りの竜文・怪獣文を施す帯金具は中国南朝の影響の強い百済系と考えられるのをはじめ，新沢126号墳例のような双葉環文の帯金具は伽耶，そして古新羅・伽耶出土品にごく近い兵庫県姫路宮山古墳・福岡県櫨山古墳の例などがあり，いずれも朝鮮半島からの舶載品と考えられる。このような帯金具を，当時の日本列島内での身分秩序を反映したものと解釈するのは困難で，むしろ有力な権力者たちの権威の象徴としての舶載品志向のあらわれと解すべきであろう。

　一方，腰佩金具については，帯金具の使用があまり長期間に及ばなかったことからも，古新羅の慶州の古墳のように多種の金具を副葬する例は知られていない。ただ，姫路宮山古墳・奈良県石光山20号墳の筒状金銅製品や，滋賀県鴨稲荷山古墳などの金銅製双魚佩などはその数少ない例である。また千葉県姉崎山王山古墳では，左右に双葉形立飾をもつ金銅製冠の付近から楕円形の金銅板を連ねた垂飾が検出されているが，この金具は古新羅・百済では腰佩として使われているもので，その転用されたものと考えればよいだろう。このように，朝鮮半島での本来の使用法とは異なる状況で日本で使用された装身具が他にもありうることを注意しておく必要があろう。

2 頭部の飾り

　日本出土の冠は大半が金銅製であるが，その形態はバラエティーに富んでおり，伽耶の洛東江流域の各地域でのあり方に通じるものがある。ただ，なかには日本以外に類例の知られていない冠帯の幅が広い広帯式の冠もあり，江田船山古墳や鴨稲荷山古墳あるいは珍しい馬形の立飾りをもつ茨城県三昧塚古墳の例などはよく知られているが，前二者の場合は伴出した金銅製履に同じ打出しで亀

25

甲つなぎ文をあらわしており，冠と履がセットとして製作されたことがわかる。これらの広帯式冠には形態などに共通する要素が多く，稲荷山古墳の冠の立飾りに類似した冠片が小倉コレクション[8]に含まれていることからも，おそらく伽耶の一地域で同種の冠が製作・使用されていたのであろう。

一方，細帯式の冠の場合は，伽耶に類例が求められるものも多く，その製作地も自ずから限定できそうである。なかでも福井県二本松古墳出土の鍍銀の冠は，日本で模倣された可能性の強い冠としてはやくから注目されているが，その形態は高霊池山洞 32 号墳の冠の系統を受けている。

この他にも，江田船山古墳の冠帽は古新羅などの冠では内冠にあたるもので，内部に施された首を絡ませた飛竜文の表現は高句麗および百済系の雰囲気をもっている。同じく竜文透彫品では，冠の中心飾りと考えられる新沢 126 号墳の金製歩揺付方形板があり，その形態は中国東北地方の鮮卑墓北票県房身 2 号墓の出土品に近いが，実際に製作されたのは百済などの朝鮮半島内であろう。

垂飾付耳飾には兵庫鎖を連ねた長いタイプのものと，5～6 cm の短いタイプとに分けられ，前者のうちでも最も長い新沢 126 号墳の例は長さ 21 cm を測る。その 3 条の垂飾のうち兵庫鎖主体の 2 条の他に，円形歩揺を多数巻付けた中間飾をもつ 1 条があるが，これは古新羅などの冠に付く垂飾と長さ・構造ともに共通しており，その転用されたものの可能性が強い。おそらく，耳飾に兵庫鎖を多用する高霊などの地域[4]で改造ないし製作されたのであろう。

また江田船山古墳・姫路宮山古墳などの兵庫鎖を連ねた耳飾も伽耶系の可能性が強いが，短いタイプに属す耳飾の場合は伽耶の他にも百済に類例が求められるものもある。

3 肩・胸の飾り

奈良県の大群集墳の一つである巨勢山古墳群のミノ山支群 2 号墳では，東棺内に 30 代の男性の上半身の遺骸が遺存していた。その首には埋木製棗玉と銀製空玉を交互に連ねた首飾り，そして両肩から胸にあたる部分は円形歩揺付きの金銅製長方形透彫金具（幅 7.2 cm，長さ 15 cm）で飾っていた。この飾金具は，佐賀県関行丸古墳や鴨稲荷山古墳で報告されている「魚形歩揺付半筒形透彫金具」と，形態及び大きさそして 2 枚が左右対になっている点などで共通する。ミノ山 2 号墳例は遺存状態が悪く，魚形歩揺の存在が認められないようだが，副葬の須恵器は 6 世紀後半のもので，同類品のなかでは最も新しい時期に属する。なお江田船山古墳出土の斜格子文を打出した金銅金具片も同様な用途が推測できるが，朝鮮半島では現在までに肩・胸の飾金具の報告例はないようだ。ただ，日本での例について今までは冠飾と考えられていたように，朝鮮半島での用途不明とされた金具片についても再検討する余地があろう。

多数の金製歩揺が遺骸の胸にあたる部分から検出された新沢 126 号墳例では，衣服などに縫いつけられていたと想定できるが，安岳 3 号墳の壁画の夫人像に上半身だけの袖無しの衣服に小円形の歩揺が多数ついた表現が見られる。このことから，鮮卑・高句麗系の服飾の特徴と考えられるが，金製歩揺の多数出土する例は古新羅の王陵クラスの古墳や百済武寧王陵などで主に知られており，新沢 126 号墳

巨勢山古墳群ミノ山 2 号墳の歩揺付
長方形透彫金具出土状態

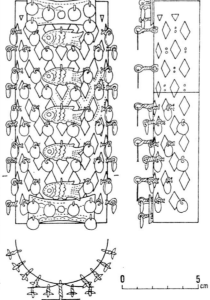

関行丸古墳の魚形歩揺付
半筒形透彫金具

の被葬者像を考える手がかりになる。

このように肩・胸を飾る装身具の例は朝鮮半島と日本ともに少ないが，これは当時の風習を反映しているのであろうが，髪型や服飾とも関連させて考える必要があろう。

4　手・足の飾り

前期古墳では，弥生時代の腕輪の風習が受け継がれて，貝輪を模した石製腕飾類が宝器的な扱いをうけていた。ところが5世紀以降は，舶載品の金・銀製の腕輪や指輪が新沢126号墳などでごくわずか知られているのみで，短期間のうちにその風習は痕跡をとどめなくなる。

また足の飾りで最も顕著な飾履もあまり例がなく，6世紀初頭以降短い期間のみ舶載されたようだ。先にもふれたように，金銅製冠などとセットで製作されたものが同じ古墳に副葬されている例もあることから，その被葬者が生前に伽耶などの地域と直接接触をもって入手したものと考えるのが妥当であろう。

以上のように古墳時代の装身具について舶載品

主体でふれてきたが，それらの装身具の副葬が急増する5世紀代は，すなわち日本（倭国）が東アジア世界と緊密なかかわりをもちはじめた時期であり，とくに朝鮮半島南部の伽耶地域との接触を通じて多くの新しい文化要素が伝えられた。その洛東江流域の各地域ごとに特色の異なる伽耶諸国は，百済系・新羅系あるいは伽耶独自の文化をもった地域がそれぞれあり，そのような各小国との接触の結果多様性に富む文化要素が日本にもたらされたと考えることができよう。

註
1) 町田　章「古代帯金具考」考古学雑誌，56-1，1970
2) 千賀　久「日本出土帯金具の系譜」橿原考古学研究所論集，第6（近刊予定）。なお『考古』1983-4で報告された高句麗M159号墓出土の竜文透彫帯先金具は，新山タイプの帯金具をモデルにして高句麗か百済で製作された可能性があり，間接的ではあるが新山古墳例に近い帯金具の存在を想定できる。
3) 早乙女雅博「新羅・伽耶の冠—小倉コレクションの研究」MUSEUM，372，1982
4) 高霊郡『大伽倻古墳発掘調査報告書』1979では，高霊池山洞44・45号墳で歩揺を多数巻付けた垂飾をもつ耳飾や，兵庫鎖をもつ耳飾の出土例が多く見られる。

律令制の時代━━━━━━━━━■ 佐藤　興治

奈良国立文化財研究所

（さとう・こうじ）

律令制の時代には縄文時代以来の慣習・風俗・信仰が否定されて，身分・階層を識別する実用的な服飾品が主流となった

1　律令時代の服装と装身

人物埴輪にみるように古墳時代には男女とも短い上衣に，男は脛を紐で括ってふくらませた褌をつけ，女は裳（スカート）をつけた服装が一般的であり，農夫，武人，巫女などの職掌・階層の区別は主として装身具や携帯物によって判別される。しかし，律令時代の服装は衣服自体に身分・階層の識別が行なわれ，貴族，一般官人，庶民，奴婢に至るまでの社会的階層によって衣服の種類，布，色調が細かく規定されて公的な場における着用が義務づけられたのであった。したがって埴輪にみられたような自由潤達さはなくなり，画一的な様相を呈することになった。このような身分規制と，秩序維持のために行なわれた衣服規定によ

る服装の変革が装身具に対する概念をも大きく変えることになった。すなわち，大陸の制度化された文化，思想の導入によって旧来の慣習，風俗，信仰が否定されて縄文時代以来の主要な装身具であった首飾り，耳飾り，腕輪などの玉類の使用がなくなる。霊や魂が籠る玉や呪術的な装身具はその意味を失い，かわりに身分，階層を識別する冠帽，腰帯，扇など実用的な服飾品が主流となった。

律令制の時代はまた，飛鳥，奈良，平安というそれぞれ特色のある時代を包括しており，各時代相を反映した服装が行なわれた。飛鳥時代の服制は大陸の新風俗と旧来の慣習が混在し，奈良時代には貴族，官人社会では衣服のみならず履物，化粧に至るまで唐制が風靡する。そして，平安時代には束帯，装束，直衣，狩衣，直垂など衣服が多

様化し，のちの和服の諸要素がつくられるが，とくに結髪が垂し髪に変る女性の服装の変化が著しい。

しかしながら律令制の時代になってすべてこのような変化をしたわけでもなく，一般庶民の間には古墳時代以来の風俗が継承されていることも見逃せない。万葉集にみえる「脚結」は膝下で褌を括ることであり，「衣肩衣」は袖なしの貫頭衣のことであって正倉院には貫頭衣が残されていることからも日常着や労働着の中にひきつがれていた。また玉類に関しても飛鳥・奈良時代の住居址からの発見例もまれではなく，装身具としては腰間に垂飾として用いられる程度のようであるが，用途を変えて各種器具や調度品の装飾に多用される。この場合，むしろ古墳時代の玉よりも形や種類は多様であり，材質も象牙，珊瑚，真珠，鹿角や，白檀・丁字・蓮実・相思子などの植物性の玉も現われる。また玉類が鎮壇具の中に加えられていることは前代の玉に対する呪術的な信仰の名残りともとれようし，仏像装飾に用いられた勾玉は対象を変えた護符の意味を持つものであったのかもしれない。以上，簡単に律令時代の服装と装身の意義をとり上げたが，服制規定と衣服の変遷については別項で述べられているのでここでは主な装身具についてのみ概観しておきたい。

2 頭部装飾

前代では男子はみずらを結い，山高帽，三角帽などの被り物をつけることが多いが，飛鳥時代には冠や頭巾をつけるようになるために頭上で髻をつくり，みずらは少年の髪形にのみ遺制をとどめる。冠は礼服着用時に被るもので，天皇のものは冕冠と称し，正倉院には冕冠の残欠と冠架があって，玉，花形截金，水晶玉などの垂飾を伴った外冠と，編物を黒漆で固めた内冠からなる唐式の冠である。親王以下諸臣及び五位以上の官人が用いる礼冠の遺存例はないが，天武朝の「漆紗冠」，大宝令の「漆冠」とするものがこれに相当し，また平城宮出土の黒漆で固めた冠断片などから内・外冠で構成する形式が推測される。また孝徳三年条に冠料として「大伯仙錦」，「小伯仙錦」があって，古くは錦布を用いた冠もあったようである。朝服に伴う被り物は頭巾・幞頭で，法隆寺金堂天井板絵，正倉院「大大論」の人物絵にみられる。五位以上は羅を用い，六位以下は縵であり，いず

れも籠目織の透けた布である。

髪飾具の櫛は堅櫛から，一枚板から歯を挽き出した横櫛に変る。各地出土の櫛は幅 10 cm 前後がもっとも多く，ムネは両肩が丸いものが普通で，直線で肩が角張るものがこれに次ぐ。ムネが弧状を呈するものは少ない。万葉集には「黄楊櫛」と読まれたが，出土品では黒褐色のイスノキが圧倒的に多い。マンサク科の暖地性低木のイスノキは木質がツゲに似て堅く緻密で，割れ難い性質を持っている。なお，櫛は土馬，斎串，人形などと共に井戸から出土することが多いが，古事記の「黄泉戸喫」にはイザナギノミコトが黄泉国から逃げ帰る時にヨモツシコメに由津爪櫛の歯を投げて追跡をかわす話がある。また櫛を投げて縁を切るという俗信も同様に櫛が魔除けなどの呪力を持つと思われていた。水乞い，病い払いとおなじく呪いに使われたのであろう。

簪は，髪刺しあるいは髪挿しからきたもので，挿頭花のように本来は髪に自然の花葉を挿したものであった。釵子とよばれる二脚のヘアピン形と一脚のものがあり，釵子は薬師寺吉祥天画像にみられるように女性が唐風の高い髻を結う際に髻がくずれないようにしたもので，一脚の簪は冠を髻に固定するために横に挿した。また簪に似た笄は江戸時代以後の軸状の「こうがい」とちがい，冠などの固定に用いられた。櫛・簪・笄は結髪をおこなった奈良時代では実用具であると同時に装飾も兼ねていたが，平安時代には女性は垂髪に変り，髪飾りが用いられなくなる。

3 腰部装飾

律令の時代は冠についで腰部には位階を象徴する腰帯や垂飾が用いられた。礼服，朝服，制服の三服の制度が定まる大宝令以前には布帯，条帯，革帯がならび行なわれた。布帯には布・絹・羅・綾・錦の別があり，条帯は数色の糸で編んだ組紐からなり，聖徳太子画像の帯がこれに相当する。革帯はもとは中央アジア，北方胡族から起った金属性の銙を革の帯に取りつけるものであって六朝の頃に中国に伝わり，隋唐には官人貴族の服制に採用され，玉・金・銅・鉄の素材と銙の数によって品級をあらわした。大宝令では条帯が礼服用に，養老令で革帯が朝服・制服に用いられることになるが，革帯は五位以上が金銀装，六位以下は銅製銙に黒漆を塗った烏油腰帯が着用された。

でなくなり，ステータスシンボルであった腰帯が華美を誇る服飾具に変化する。また腰帯には各種の垂飾を伴い，銙にあけた長方形透し穴に刀子・魚形・玉・小合子・袋などを下げたが，正倉院にはこのような佩飾が多数伝えられている。

4 履 物

履物の素材や形態は様々であるが，機能的には台の上に足をのせるゾウリ（草履）・ワラジ（草鞋）・下駄の類，踝から下を覆う舄・皮履（沓）・線鞋・木履（沓），足首の上までを覆う靴などにわけられる。舄は礼服に，皮履は朝服に用いられ，線鞋はつま先と踵を浅く覆う布製の室内履きである。また靴は武官の履く皮製の長グツである。

しかし，もっとも一般的なはき物はゾウリ，ワラジ，下駄であろう。ゾウリなどはその性質上遺存しにくいが，藤原宮，長岡宮などで出土しており，今日のゾウリとほとんど変らない。また下駄は多用されたらしく出土例はきわめて多い。川原寺下層出土の下駄は鼻緒の位置が片側に寄った古墳時代以来の形態を保っていると同時に根緒穴は前後の歯の間に穿たれている。しかし奈良時代では鼻緒穴は台の中央にある場合がほとんどで，歯が外側に張り出すものが多い。平安時代にはさらに歯が張り出し，平面が小判形を呈するものが目立つ。また木履はかつて奈良高校校庭出土のものが唯一であったが最近では長岡京，滋賀・鴨遺跡，滋賀・矢倉口遺跡，高槻大蔵司遺跡など十数例が出土している。スギまたはヒノキ材を舟形に割り抜き，先端を尖らせた場合と平らなものがある。また，底部に下駄と同様の歯を二枚つくり出すもの（長岡京，奈良高，矢倉口）があり，下駄との近縁性を示す点できわめて興味あるがいずれも白木で塗りを施したものはない。

以上のほか，持物として笏，団扇，扇，杖などがある。扇については，奈良時代の桧扇は平城宮出土例では糸で綴り合わせた団扇状の縦長であることが特徴で，いわゆる扇形をした桧扇の出現は平安中頃であって，同じ頃に紙張りの扇が現われるようである。

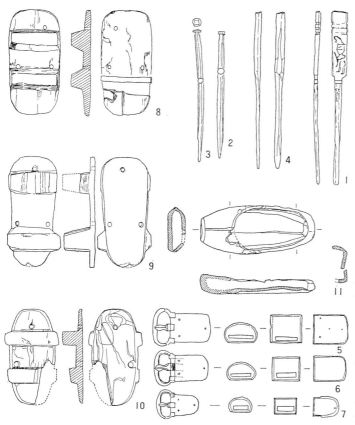

笏（1～3 平城宮）笄（4 平城宮）腰帯金具（5・6 平城宮 7 ジーコンボ古墳）下駄（8 川原寺下層 9 平城宮 10 平安京）木履（11 長岡京）

銅製銙は各地の遺跡から出土するが，六位から無位に至るまで位階ごとに銙の寸法が小さくなることが明らかになっている。出土銙のなかには銅地に渡金・渡銀したものがあるが，これを五位以上の腰帯銙とするには出土状況などから疑問があった。最近大阪・伽山古墓から純銀製の銙が出土したことからこの疑問は解けたのである。ただし，伽山例では丸鞆が巡方に似て上辺が山形をなしているが，これについては『和名抄』革帯条に「其体有純方丸鞆櫛上等之名」とある櫛上に相当し，したがって巡方と丸鞆，巡方と櫛上（形）を組合せた二種の腰帯があったことになろう。このような腰帯は奈良時代を通じて行なわれたが，制度上は796年に廃止され，807年に一時旧に復すが810年以後は石帯に変る。石帯の材質や形態は多様であって『延喜式』では四位以上は白玉，五位以上は瑪瑙・斑犀・象牙・沙魚皮・紫檀・金銀刻鏤・唐帯，六位以下は烏犀帯，雑石帯とあって花文や動物文を彫ったものも多く，寸法も一定

特集●装身の考古学

装身と原始・古代社会

日本の原始・古代社会の装身具について，生産と流通，変遷と地域性，性別と身分の面から時代の特色と性格を追ってみよう

縄文～古墳時代の玉製装身具／縄文～古墳時代の布／貝輪と銅釧の系譜／人物埴輪頭部における装身表現／耳飾からみた性別／装身具にみる身分制度

縄文～古墳時代の玉製装身具
―生産と流通―

富山市考古資料館
藤田富士夫
(ふじた・ふじお)

玉製装身具が増加するのは縄文時代前期で，玦状耳飾に代表されるが，その製作遺跡は日本海側に顕著化する特色がある

1 玉製装身具の出現

　玉製装身具の最も古い例は愛媛県上黒岩岩陰遺跡でみられる。押型文土器より下層の無文薄手土器に伴った有孔線刻板状垂飾品がそれで，縄文時代早期前半に比定される。大理石に類似した光沢ある石でつくられている。ほかに，縄文時代早期のものとして岐阜県九合洞穴の砂岩製有孔線刻垂飾品などがある。また，前期に盛行する玦状耳飾が北海道十勝郡浦幌町共栄B遺跡で，早期中頃の浦幌式土器に伴って出土した例もある。しかし，それらは散発的に認められるにすぎず，中心的な装身具は骨角製品が占めている。

　玉製装身具が爆発的に増加するのは縄文時代前期で，玦状耳飾で代表される。それは，環状品の一端に切れ目をもつもので，耳たぶにあけた孔に切れ目から通して垂下させる。耳たぶへの穿孔の習俗の存在を前提とするもので，それまでの垂飾品とは一線を画する。玦状耳飾は縄文時代早期末葉～前期初頭に出現し，中期初頭には急速に減少する。とくに注意されるのは，その製作遺跡が顕著化する点である。

2 玦状耳飾の製作遺跡

　玦状耳飾の製作遺跡は，寺村光晴氏によって攻玉遺跡と概念づけられ，白馬岳を中心とする長野県北部と隣接する新潟・富山の両県に集中することが指摘されている[1]。なかでもその出現は，縄文時代早期末葉～前期初頭にあり，富山県の上市町極楽寺遺跡や朝日町明石A遺跡，新潟県糸魚川市川倉遺跡などをあげることができる。これらの遺跡では，繊維を含んだ羽状縄文土器や，刺突文，表裏貝殻条痕文などの土器を出土し，石川県の佐波式あるいは富山県の極楽寺式土器分布圏に含まれる。最初の攻玉遺跡はこの佐波・極楽寺式土器文化圏のなかに出現したといってよいであろう。

　ところで，福島県葛尾村廣谷地B遺跡では縄文時代前期初頭の花積下層式期や大木2b式期に伴ったとされる玦状耳飾未成品や飾玉品のフレイクなど計15点が発掘されている[2]。近域で産出すると思われる劣質な滑石材を用いており，当遺跡でその製作が行なわれている。

　福島県の「阿武隈山地の何処かで前期初頭のころ乳白色の真珠のような光沢をもつ石膏石を以って，玦状耳飾が製作されたものと推察される」との予察が早くからあり[3]，福島県とその周辺の東北地方にも，攻玉遺跡の集中があるのかもしれない。しかし，富山県の極楽寺遺跡[4]では，総数1,000点をこえる玦状耳飾や飾玉，あるいは原石があり，その盛行ぶりはやはり富山湾を中心とし

た日本海側にある。

福島県と富山県の関係は時代をこえて結びつくケースがある。おそらく新潟県を経由した阿賀野川沿いのルートが幹線と思われる。弥生時代の福島県天王山遺跡を指標とする天王山式土器の分布は，富山県の佐伯遺跡や頭川遺跡でティピカルに認めることができる。また，江戸時代の文化・文政のころ，相馬藩は天明の凶作による戸口減の対策として越中をはじめとする北陸の地から移民を招致している。幕末での戊辰戦争の折，越後長岡藩の河井継之助が会津藩に難をのがれているのも興味深い。福島県廣谷地B遺跡の滑石製飾玉製作の機縁に北陸の攻玉遺跡文化の影響があった可能性が強いように思われる。

一方，日本海にそそぐ円山川の支流八木川上流に位置する鉢伏山高原の南斜面にあるハチ高原遺跡1地点から玦状耳飾とその未成品が計9点出土している[5]。すべてが表面採集品である。共に採集されている土器には，縄文早期の押型文土器や表裏縄文土器がある。その所属時期については発掘などを通して充分に検討される必要があろう。玦状耳飾は白色あるいはやや褐色をおびた滑石でつくられている。遺跡の近域を流れる八木川と大屋川にはさまれた氷ノ山の支脈を中心とする一帯は蛇紋岩地帯で，ここに滑石を産出する[6]。ハチ高原遺跡の原材はこの原産地に求めることができる。

このように出現期の飾玉製作遺跡は新潟県西部から富山県東部にかけての日本海を近くにみる地域に集中する。さらに小規模ではあるがハチ高原遺跡1地点あるいは，廣谷地B遺跡のように，北陸の攻玉遺跡集中地を離れて営まれている遺跡があるが，いずれにしろ日本海岸の文化と何らかのかかわりをもっているらしいことは注意されよう。

ところで，新潟県西部から富山県東部に現われた攻玉遺跡は，縄文前期中〜後葉になると，新潟県糸魚川市に河口をもつ姫川をさかのぼり，長野県北部の白馬岳山麓に集中する傾向をしめす。白馬岳は，有数の滑石原産地であり，原石産地により近く立地したこととなる。これらの遺跡には前期中葉の舟山遺跡（白馬村），前期後葉の女犬原遺跡（美麻村），有明山社大門北遺跡，上原遺跡（大町市）などがある。姫川ぞいの道は，近世には「塩の道」などとよばれる幹道である。樋口昇一氏は，これを"滑石ルート"と形容され，縄文中

期には日本海に面した糸魚川市周辺遺跡で加工された硬玉のルートともなったとされる[7]。ところで，滑石ルートぞいの長野県に攻玉遺跡が盛行する縄文前期後葉頃の富山県の遺跡では，長野県和田峠産の黒曜石を用いた小型石器が多用される。その量は他の時期に例をみないほどである。攻玉遺跡の南下と，黒曜石の北上の現象は北陸圏と中部圏の通交のはげしさに比例しているかのようである。

次に，攻玉遺跡での製作の実態について少し触れておきたい。富山県の極楽寺遺跡の数度にわたる発掘調査では，竪穴住居跡に滑石の玉未成品などが伴出する例があったがその住居跡には通常のものと特別な違いが見い出せなかった[8]。新潟県青海町の大角地遺跡では，縄文前期初頭〜中葉の飾玉生産の実施がある。発掘ではその時期に属する1・4・5・6号住居跡に飾玉生産が予想されている[9]。これらは当遺跡検出の縄文時代住居跡のすべてであることから，それは集団的規模で行なわれていると推測される。とくに1号住居跡や4号住居跡には，2段を成すピットなどがみられ，中には蛇紋岩や蠟石のフレイク，チップなどがまとまって検出されている。飾玉生産の工作用特殊ピットの可能性が高いものとされており，それが当っているとすればその生産は屋内作業であることを意味することとなる。大角地遺跡の竪穴住居跡は，現在のところ飾玉生産工房の可能性を示す唯一例として注目される。

3 玦状耳飾の広がりの一例

攻玉遺跡で生産された玦状耳飾は交易などによって広まったであろう。早くに，江坂輝彌氏は「富山県上市町極楽寺における縄文文化前期初頭の滑石製玉類及び玦状耳飾製造址で製作されたと思われるものは，静岡県富士川河口に近い庵原郡富士川町木島の前期初頭の遺跡からも出土しており，前期初頭の時代においても国内をかなり遠隔の地に運ばれていたことが想像される」とされた[10]。極楽寺遺跡のものが木島遺跡にはいっているかどうかの正否は検討がいるが，流通ということに触れた最初の視点である。ただ，はっきりいって現状では，攻玉遺跡で製作されたものがある遺跡に入っていることを特定するのは困難である。

ところで，重要文化財の指定を受けている大阪

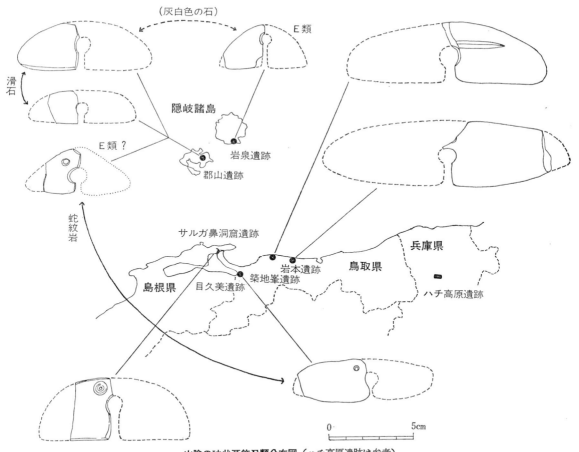

山陰の玦状耳飾F類分布図（ハチ高原遺跡は参考）

府国府遺跡出土の玦状耳飾には，輝石や蛇紋岩，滑石などの使用があり，一般遺跡での材質にバラエティのあることを示す。国府遺跡での材質的な違いを私は装着人骨の時間差によるものと推測しているが，それにしても複数の生産遺跡が背後にあることを示唆する。そのうち，第4号人骨の左耳に装着されていた暗緑色蛇紋岩質の玦状耳飾は，中国山地に原産地があるものと考えている。

島根県の隠岐島では3点の玦状耳飾が発見されている。1点は樋口清之氏分類[11]のE類（三角形）に入るもので，西郷町下西海岸の岩泉遺跡出土である。他の2点はF類（石庖丁形）で，海士町郡山遺跡出土である。いずれも縄文前期後～末葉と思われるものである。とくに郡山遺跡のF類は，島根県美保関町のサルガ鼻洞窟遺跡，鳥取県東伯町の岩本遺跡，同中山町の築地峯遺跡，同米子市目久美遺跡で出土しており，隠岐島を包む山陰の限られた地域に広がっている。このうち筆者は，郡山遺跡，サルガ鼻洞窟遺跡，目久美遺跡のものに

ついて実見の機会があった。それらは型式は同じであるが，材質を異にしている。郡山遺跡のものは，灰味黄緑色（マンセルカラーシステムの141 7.5 GY 6.5/2.0）で軟質の石で作られており，肉眼的には灰白色を呈し，滑石を思わせるものである。

ここではほかに樋口清之氏分類のE類品の再利用を思わせる勾玉状品がある。見た目には美しい緑色を呈し，マンセルカラーシステムでは灰味黄緑色（142 7.5 GY 5.0/4.0）を示す。これは蛇紋岩である。

また，サルガ鼻洞窟遺跡のものは，暗灰緑色の蛇紋岩系？（メモを忘失し，不正確であるが）の石材であったと記憶する。

一方，目久美遺跡のものは，にごった緑色でマンセルカラーシステムでは灰味黄緑色に属する蛇紋岩である。光線にかざすと，透けた表皮にひときわ濃い暗緑色の斑がみえるのを特色とする。この材質上の特色は，隠岐島の郡山遺跡出土の勾玉状品と同じで，その原産地が同一である可能性を

示唆するものである。

さて、以上のように3例の玦状耳飾F類はその材質はほぼ蛇紋岩あるいは滑石を使用しているが、いずれも同一原産地を思わせるものはない。このことは、このF類型式（石庖丁形）において、その製作が別々の原産地により行なわれたことを物語る。

ところで、隠岐島西郷町岩泉遺跡出土のE類例は「砂岩製で灰白色」と報告されている[12]。田邑二枝氏の教示によれば、それは郡山遺跡の玦状耳飾と同じ石であるとされる。砂岩製であるか、滑石であるかの決定及びE類・F類の意義はしばらくおくとして、灰白色の石材は今のところ隠岐島だけに認められる。一方、鳥取県目久美遺跡のF類と、海を越えた隠岐島郡山遺跡のE類再利用の勾玉状品との材質的類似性は注意される。そしてこれと似た石で作られているのが大阪府国府遺跡の4号人骨装着の玦状耳飾である。先に国府遺跡の当該品が中国山地に原産地があるらしいとしたのはこのような事情による。

ここにみたように、一般遺跡から出土する玉製装身具を流通による結果であるとの視点にたてば、使用原材の種類によってそれが広域に流布するものと、狭い地域に限定されるものがあるといえよう。そして、原材はそれがもつ型式（ここではE類・F類）を超えて用いられることが予想される。このことは、特定の原石産地がある程度の時代の幅やそれを用いる集団の違い（型式）を超えて利用されたことを示唆するものであろう。

4　硬玉製大珠の製作

縄文中期後葉には、真正の玉質といえる硬玉の装身具への利用が盛んである。その代表となるものは硬玉製大珠で、その製作遺跡として早くから新潟県西部の姫川河口に近い糸魚川市長者ヶ原遺跡が注意されてきた。また、最近では隣接した青海町寺地遺跡の1号住居跡でその工房跡が検出されている。硬玉を産出する姫川とその近域に工房跡が集まる傾向がある。この近域では、とくに蛇紋岩製の磨製石斧の製作が顕著である。安藤文一氏は硬玉生産文化圏＝蛇紋岩製磨製石斧生産文化圏の一致を提言されている[13]。かねて寺村光晴氏によって当地の蛇紋岩製擦切磨製石斧の製作と硬玉加工技術の連結が注意されている[14]。また、富山県東部と新潟県西部を中心としたこの地域に圧

倒的な数を誇る有孔球状土製品を、小島俊彰氏は攻玉の穿孔時の弾み車とする可能性を示唆されている[15]。これらは、玉製装身具製作の社会的基盤の一要素として興味深いものがある。

最近、硬玉加工についての実験観察で参考となるものが2例あるので、ここに紹介しておきたい。一つは土田孝雄氏によるもので[16]、原石の"石の目"の選択から始まり、火割り技法、研磨、穿孔工程の試行のほか工具としての砥石の検討も行なっている。穿孔では、野生の竹を使用し、平手でキリモミすることでも、それが可能であることを実証した。4時間ほどで2mm前後の穿孔が成ったとされる。数cmの厚さのある大珠への貫孔には、まだほど遠いが、その実験によって先への見通しがたってきた感がする。

他の一つは長崎県立国見高等学校社研部によるもの[17]で、長崎県西彼杵郡産出の通称長崎ヒスイを用いた実験による。それはサヌカイト製の石錐を棒の先に固定し、弓引による回転で穿孔する。厚さ1.3cmの大珠が貫孔するまで、ほぼ4時間30分かかったという。石錐の消耗約30本。このほか、指先で石錐を廻して穿孔に成功した報告などがある。時折遺跡でみる失敗孔痕を貫通孔のそばに残す大珠について、それは穿孔に失敗したものでなく、製作集団のトレードマークの表象とされる。実験を通して生まれた一つの魅力的な視点である。

5　弥生〜古墳時代の玉作り

弥生時代では碧玉質や鉄石英による管玉製作が盛んである。新潟県佐渡の新穂村を中心とした佐渡玉作遺跡の盛行ぶりはよく知られている。現在15遺跡が数えられ、その製作は弥生後期前半の時期に限られ、後期後半になるとパタリと生産されなくなる。ついで後期後半から富山湾をめぐる石川・富山・新潟の海岸寄りに玉作りの遺跡が集中的に出現してくる傾向がある。佐渡玉作遺跡で作られた管玉は日本海ルートにのって、遠く青森県の津軽半島にある宇鉄Ⅱ遺跡などにもたらされたらしい[18]。

ところで、近年鳥取県羽合町の長瀬高浜遺跡では4基の弥生前期の住居跡のうち3基で、碧玉系石材を主とした管玉生産が行なわれ、工具として長さ5mm前後の玉髄製の石針を多数出土する。ここでの製作技法で注意されるのは、原石に擦り

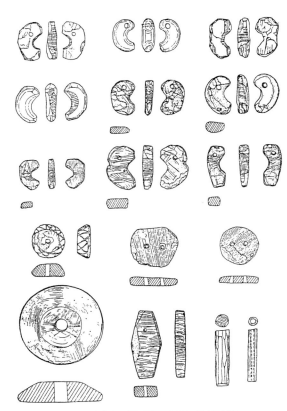

曽我遺跡出土の滑石製模造品など（約1/2）
（奈良県立 橿原考古学研究所『橿原市 曽我遺跡 調査簡報』1983より）

切りの溝を施すことである。施溝による技法は，佐渡玉作遺跡に好んで用いられているもので，その技法の源流が鳥取県下の遺跡にたどれることを示唆するものである[19]。弥生の玉作遺跡出現についてその地域がしぼられてきた感がする。

古墳時代前期では，石川，富山を中心とした北陸圏そして，島根県を中心とした出雲圏に玉作が集中するのは周知のところである。ところが近年，長野県の長野市から上田市周辺にかけて古墳前期から中期の緑色凝灰岩を用いた玉作遺跡がいくつも知られてきた[20]。近域に産出する原石を用いたものである。

さらに，古墳時代中期〜後期にかかる頃の奈良県橿原市曽我遺跡では数万点の主として祭祀関係の玉未成品や原石などが出土し，一遺跡としては大規模な生産がある。ここで原石にいわゆる出雲石（碧玉）や北陸を産地とするらしい緑色凝灰岩（グリーンタフ）などがあり，他地域から運ばれた石材がほとんどを占める（井上義光氏教示）。大王政権の把握による遺跡と思われる。このように，

ここ数年の各地の発掘調査は従来の知見を一新するものがある。

ここでは，最近の研究の成果から筆者が関心をいだいているところをつまみぐい的に概観した。玉作りの全体については寺村光晴氏に『古代玉作形成史の研究』(1980) といった労作があり，それに詳しい。なお，本稿を草するにあたり，田邑二枝氏（郡山遺跡），高松龍暉氏（ハチ高原遺跡），葛尾村教育委員会（廣谷地Ｂ遺跡）には大変お世話になった。ここに記して謝意を表したい。

註
1) 寺村光晴「縄文時代前期飾玉生産の一考察」和洋女子大学紀要，12，1967
2) 馬目順一・原川虎夫『廣谷地Ｂ遺蹟調査報告』南奥考古学研究叢刊，4，1981
3) 江坂輝彌『考古学ノート 2』先史時代（Ⅱ），日本評論新社，1957
4) 小島俊彰『極楽寺遺跡発掘調査報告書』富山県教育委員会，1965
5) 高松龍暉「考古学から見た関宮町」関宮町史資料集，1，1979
6) 永瀬幸一「関宮町の地質」関宮町史資料集，3，1981
7) 樋口昇一「男女倉から井戸尻まで」地方文化の日本史 1―光は西から，文一総合出版，1978
8) 1979年3月の町道整備関連発掘調査による。
9) 寺村光晴・安藤文一・千家和比古ほか『大角地遺跡』青海町教育委員会，1979
10) 江坂輝彌「所謂硬玉製大珠について」銅鐸，13，1957
11) 樋口清之「玦状耳飾考」考古学雑誌，23―1・2，1933
12) 関西大学・島根大学共同隠岐調査会編『隠岐』隠岐文化総合調査報告，毎日新聞社，1968
13) 安藤文一「翡翠大珠」縄文文化の研究，9，雄山閣，1983
14) 寺村光晴「硬玉製大珠論」上代文化，35，1965
15) 小島俊彰「有孔珠状土製品」縄文文化の研究，9，雄山閣，1983
16) 土田孝雄『翠の古代史』奴奈川郷土文化研究会，1982
17) 長崎県立国見高等学校社研部『硬玉穿孔と原始技法』社研部報，17，1982
18) 寺村光晴「玉」三世紀の考古学　中巻，学生社，1981
19) 清水真一「鳥取県下の玉作遺跡について」考古学研究，28―4，1982
20) 寺村光晴「文学と考古学」和洋国文研究，18，1982

縄文～古墳時代の布
―生産と流通―

■ 滋賀大学教授
小笠原好彦
（おがさわら・よしひこ）

> 布は耐久性の強い製品であることから好条件を備えた交易品
> である。縄文～古墳時代の布の生産と流通の問題を概説する

1 縄文時代の二つの布

縄文時代には，形状が異なる二つの布が出土している。一つは編んだ編布であり，他は織った織布である。

編布の布片は，北海道朱円遺跡から後期末のものが1片と，宮城県山王遺跡から晩期中葉の時期のもの4片が出土している。朱円遺跡の編布は炭化が著しく，少し糸がゆるんでいるので緻密な布とは呼びにくいが，山王遺跡のものはやや厚手の布の感じを充分もっている。ほかに東日本では，新潟県上山遺跡から足形土製品の裏面に圧痕がついたものが知られている。西日本でも，圧痕土器は九州地方の長崎県山ノ寺遺跡，佐賀県女山遺跡など，長崎，佐賀，熊本，宮崎の四県から29遺跡，93点の資料が報告されている。

このように編布の分布は，東日本の北半部と九州地方とに分かれているが，編成された組織はいずれも二本の経糸で緯糸を一定間隔に絡み編んだとみられるものである。北海道朱円遺跡のものは経糸間隔が4～6mm，緯糸数が1cm間に12本を含み，宮城県山王遺跡では経糸間隔が8～10mm，緯糸数6～8本を数える。九州地方では，一般に経糸間隔6～10mm，緯糸6～8本で，経糸間隔が最も狭いもので2.6mm，緯糸が多いもので10本を数えるものがある。これらの編布は縄文時代の編物である簀あるいはスダレ状圧痕の編成技法と密接な関連をもっている。簀やスダレ状圧痕は，縄文時代には全国的に分布しており，前期に遡るものまで知られている。スダレ状圧痕の研究による[1]と，中期の経糸間隔を密に編んだものでは，編布の密度と近似するものが明らかにされている。九州地方の編布は南島方面から伝播したとする考えが出されたこともあるが，おそらく編布は簀やスダレ状圧痕の製作技術を基盤とし，それから発展して布製作に及んだものと理解される。

編布の編み方は，新潟県津南町の民俗資料に残るアンギンの製作技法が参考になる。おそらく横木に2本の経糸を一定間隔に吊り下げて，緯糸を横木にそわせた後に交互に絡み編んだものと復原される。このような簡単な道具によって製作されるので，編布は苧麻などの繊維を利用し，共同体ごとに製作されたと考えられる。材料の糸は，紡錘車を利用することが縄文時代には確立していないので，そのほとんどは手撚りされたであろう。したがって，麻糸の準備に多くの時間を要するので，その生産量はごく限られたものとなる。

縄文時代の織布は，九州地方の佐賀県笹ノ尾遺跡，長崎県山ノ寺遺跡，熊本県麻生原遺跡，宮崎県下弓田遺跡から出土している。その密度は表示したように，最も緻密な山ノ寺遺跡でも経糸15本，緯糸7本で，大部分は経糸10本，緯糸8本前後である。この密度は弥生時代の織布よりも低く，かなり粗い布が織られている。

九州地方では，晩期に編布と織布の二つの布が

表 縄文時代の織布密度

密度 / 遺跡名	経糸 本/cm	緯糸 本/cm
笹 ノ 尾	12～10	7～6
山 ノ 寺	15	7
麻 生 原	10	9
下 弓 田	10	9
	10	8
	10	6
	10	6
	9	9
	9	7
	9	5
	8	8
	8	8
	8	6
	7	6
	6	6
	6	6
	6	5

（鏡山 猛「原生期の織布」史淵，85，1961による）

あり，同じ遺跡で両者が出土している遺跡もある。こうしたことから編布から織布へ自生的に発展したとする考えもある。しかし編布の製作道具と操作工程には，織布製作の必須条件となる経糸を一せいに開口させる契機が乏しい難点がある。編布の製作技法では，細い糸で経糸間隔をせまく編むことは操作が困難となり，品質の向上と能率とが矛盾する製作技術のため，新たに織布の機織技術が晩期のある段階に大陸から導入されたものと理解される。しかし晩期には紡錘車が未発達なので，細く均質に紡ぐ紡績技術がともなわなかったとみられる。これが急激には九州地方で編布から織布生産に替わらなかった理由の一つと思われる。しかし機織技術は能率的に細かい布を生産できるので，時間の経過のなかで機織具が普及し，織布生産を凌駕していったものと推測される。

2 弥生時代の布

織布が直接出土した遺跡は少ないが，弥生時代には多くの圧痕土器が知られている。前期では，山口県綾羅木遺跡から1cm間に経糸20本，緯糸15本を数えるものが知られている。畿内・瀬戸内地域には壺の貼付凸帯文に布巻棒を押しつけたものがあり，大阪府四ツ池遺跡では経糸20本，緯糸13本のものがある。このわずかの測定例からでも，紡錘車の使用経験の蓄積によって，紡績技術がある程度発展したことがうかがえる。

中期では古く福岡県須玖遺跡から経糸17本，緯糸13本，長崎県景化園遺跡から経糸13本，緯糸10本の布が甕棺から出土した報告がある。大阪府池上遺跡でも経糸26本，緯糸12本の布が出土し，経糸の方向に布を縫いあわせた糸も残っている。ほかに土器底部に圧痕が残っている例が，近畿から東北南部にかけて広く知られる。これらの圧痕土器をみると，同一遺跡でも密度にかなりのバラツキがある。愛知県西志賀貝塚では経糸24本，緯糸14本，長野県北原遺跡で経糸28本，緯糸18本を測るものがある。また粗いものには，経糸10本前後，緯糸7本前後のものもかなり散見する。これは緻密に織ることを意図した細布と粗い粗布の区別があらわれているものとみられる。前期には経糸と緯糸の比率が近いものがみられたが，中期以降では経糸の半分しか打ちこんでいないものが一般的である。

後期では静岡県登呂遺跡から織布が出土しているほか，中部地方から東北南部にかけて圧痕土器が多くみられる。茨城県那珂川流域の遺跡には，経糸30本，緯糸15本をはじめ，経糸20本を越えるものが3分の1を占める。宮城県崎山囲洞窟では経糸22本で緯糸が21本を数える緻密なものがあるが，多くは経糸の2分の1にとどまっている。

織布は繊維を糸に紡ぎ，織機で織って生産される。材料の植物繊維は，苧麻，いらくさ，大麻のような草皮とカジノキ，コウゾなど樹皮が利用される。弥生時代では各地に自生している苧麻が最も多用されたことは，奈良時代の正倉院の麻布はもとより，のちの麻布でも一般的に使用されていることから推測できる。麻類は刈ったあと水漬けし，木質部から繊維をはがし，そのあと指で細かく引き裂き，その繊維を長くつなぎあわせるため苧績みする。連続した繊維は紡錘車で回転を利用

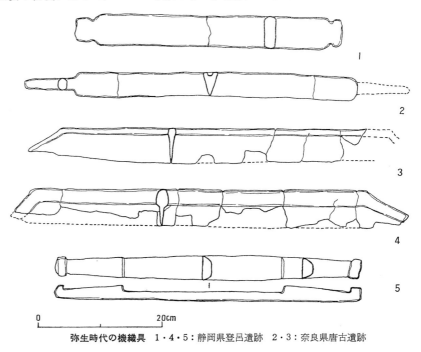

弥生時代の機織具　1・4・5：静岡県登呂遺跡　2・3：奈良県唐古遺跡

して撚糸とし，織機によって織られる。弥生時代の織機の構造は，太田英蔵氏によって解明されている。太田氏は織機具を機能によって，緯打具，開口具，緯越具，経巻具，布巻具と呼び，通称による混乱を避けている[2]。これらの織機具によると，弥生時代では，経巻具と布巻具によって経糸が張られ，この経糸を開口具によって上下にわけ，緯越具で緯糸をわたし，緯打具で手前に打ちこんだことになる。緯打具は前期の奈良県唐古遺跡から扁平な鋸形木製品で，刃部と背部の隆帯に糸の擦痕をとどめた木製品が出土している。同様のものは大阪府安満遺跡でも出土している。さらに後期の静岡県登呂遺跡でも，ほぼ同形同大の木製品が出土している。この緯打具では，手前に打ち寄せたときに，緯糸が経糸の間を縫いながら交叉するので，経糸が密に寄りあう性質を規制できなかったことになる。したがって経糸が緯糸よりも密に織られたことを示す。布巻具は登呂遺跡では平担に削った面があり，そこに薄板をはめて布を巻くと反転することなく使用できる。ただ同形の布

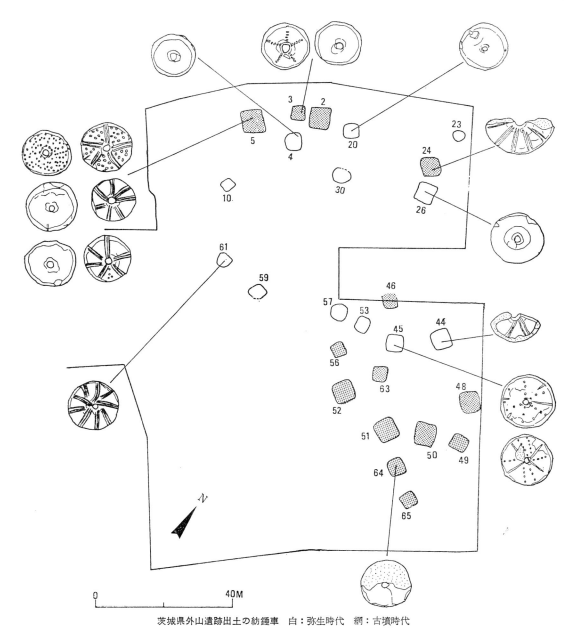

茨城県外山遺跡出土の紡錘車　白：弥生時代　網：古墳時代

巻具の出土例は少ない。大阪府池上遺跡では，細長い棒状木製品の両端部を円形状に刳ったものを布巻具・経巻具としているが，断面形に円形と長方形とがあるので，区別しうるかも知れない。

弥生時代の布生産は，原料の麻類が集落内で入手でき，特別の高度な技術を必要としないので，共同体ごとに生産されたとみてよい。それを裏づけるように，紡錘車も各遺跡から出土している。織機具も比較的単純な形態の木製品なので，木製農耕具を製作している集落では，製作可能であるとみてよい。したがって共同体構成員が必要とした布は，共同体内での分業でまかなっていたと理解される。そのにない手は，性的分業によって，主として女性によって行なわれたと想定される。

この織布生産が集落で，具体的にどのように行なわれたかを知りうる遺跡はまだ乏しいが，茨城県石岡市外山遺跡からはそれをある程度うかがうことができる[3]。外山遺跡では弥生時代後期の竪穴住居 12 棟のうち，2 分の 1 の 6 棟から紡錘車が出土している。その分布をみると数棟から構成される各単位集団から紡錘車が出土している。これはすべての住居から出土していないが，単位集団ごとに織布生産を行なっていたことは充分推測できる。紡錘車は 1 棟だけが 2 個で他は 1 個のみ出土している。特定の住居で集中して作業を行なった様子はみられない。

続く古墳時代前期には，14 棟の竪穴住居のうち 4 棟から紡錘車が出土しているにすぎない。詳しくみると，3 棟は北の単位集団で，南は 10 棟のうち 1 棟で出土しただけである。紡錘車の数は，1 ないし 2 個が出土しているなかで，北側の単位集団の 5 号住居跡のみは，集中して 6 個が出土しているのが注目される。北の単位集団が存在した時期には，南にも少なくとも 1 つの単位集団は存在したとみてよいので，北側が南よりもかなり集中して紡績を行なっていたことがわかる。5 号住居だけ 6 個の紡錘車が出土しているのは，他の住居からみて多すぎるので，おそらくこの住居が作業場となり，そこで集団で作業にあたっていたことを示すものであろう。この遺跡の時期的な変化のみから，古墳時代に入って共同体内で専業化が進展したとすることはできないが，他の遺跡によって今後検討する必要があろう。

外山遺跡の紡錘車は，円盤形の土製品で刺突文や放射状の沈線文がつけられており，30～40 g の

ものが多い。この重量は畿内の平均からみると重い方に属する。前期以降，円盤形のものが定形的なものとして製作されている。これは織布の必要度が高まり，織布生産が生産の諸分野のなかで，かなり大きな比重を占めていたことを物語る。

弥生時代の織機は，太田氏によると 2 本の緯糸を打つのに 19 動作を伴ったという。のちの近江の麻布生産では，ほぼ 1 人分の衣服に要する 1 反を織りあげるのに，早い人で 4～7 日を必要としたという[4]。弥生時代の織機は開口を手で行なうので，その倍の日数が必要である。しかも時間と手数を多く要する麻を水漬けし，苧績みし，紡績し，それをヘソに巻き戻す作業が必要なので，1 人による作業では準備できる材料からも，年に数反を織るのが限界であったと考えてよい。弥生時代の原始的な地機では，布幅は織り手の両手の動く範囲で決まるので，最大幅で 50 cm ぐらいと推測され，多くは腰幅程度とみてよい。織りあがった麻布は，後の時代では晒したり，染色したりする加工が加えられている。弥生時代でもその可能性が高いが，明らかでない。

以上のような麻布のほかに，絹帛が福岡県立岩遺跡，門田遺跡，さらに古く須玖岡本遺跡からも出土している。絹は桑を栽培し養蚕によって絹糸をとって織られた高度な織物である。『魏志倭人伝』では，「禾稲，紵麻を種え，蚕桑緝績し，細紵・縑緜を出だす」とあり，養蚕が行なわれたことを記している。須玖岡本遺跡の絹帛は経糸 35 本，緯糸 20 本，立岩遺跡のものは経糸 18 本，緯糸 11 本である。中国の馬王堆墓の経糸 61 本，緯糸 33 本に比べてかなり低いので，舶載品でなく北九州で弥生時代中期以降，養蚕が行なわれて生産されたことを想定する考えもある。経糸が 20 本以下の粗い絹帛は，この時期の麻布と変らないのでその可能性が少なくない。ほかに『魏志倭人伝』には，斑布，倭錦，絳青縑，帛布，異文雑錦などが存在したことを記し，男子は袈裟衣，女子は貫頭衣を着用したとしている。模様をもつ布はこれまで出土していない。しかし編物では縄文時代から色調を異にした素材で編んだものも知られているので，おそらく染色したものも存在したとみてよいであろう。

3 古墳時代の布

布生産が古墳時代に大きく発展したことは，人

物埴輪の服装表現からもうかがうことができる。

古墳時代の布には、麻布と絹帛とがある。遺存した布は鏡や金属製品など古墳の副葬品に付着して残ったもので、絹帛が多い。4世紀の奈良県天神山古墳では経糸60本、緯糸24本と経糸45〜42本、緯糸30〜27本の絹帛があり、桜井茶臼山古墳では経糸76本、緯糸24本と経糸70本、緯糸23本の細かな絹帛がある。5世紀の大阪府大塚山古墳には経糸80〜75本、緯糸35〜32本の細かなものがある。この古墳の絹帛では筬目が確認されている[5]。同様のものは大阪府珠城山古墳、和歌山県天王塚古墳からも出土し、さらに時期が下がる大阪府富木車塚古墳や熊本県才園古墳など畿内から九州地方の古墳に点在する。筬の採用で経糸が一定にそろい、薄い絹帛の生産も可能になり、機織技術に革新があったことがうかがえる。この5世紀の新技術はおそらく大陸から導入されたものであろう。ほかに岡山県月の輪古墳のように、300点、80種類におよぶ絹帛が出土した古墳もある。

特殊な絹帛としては、福井県十善森古墳から経糸で文様を表わした経錦が出土し、東京都亀塚古墳や茨城県三昧塚古墳でも平地綾文綾経錦の断片が知られている。これらの高度な絹帛は、武具や馬具などの付属部分に用いられたとみられるが、衣服にも当然使用されたと思われる。錦や綾が新技術によって生産できたのか、舶載品かは決定されていないけれども、中規模の古墳にもかなり広範にもたらされているので、わが国で生産されていた可能性が高い。これらの経錦などは高度な技術のうえ、特定の用途に使われたと考えられるので特殊な祭祀用具や装身具の場合と同じく、畿内の特定の首長の管理のもとで生産され、貢納されたものが地方首長にもたらされたものとみてよい。

古墳時代では当然出土例が多いはずの麻布の出土は寡聞である。畿内の布留式土器の高杯には、脚部の裾部内面に布痕をとどめたものがあるが、布の密度は明らかでない。後期には奈良県牽牛子塚古墳の夾紵棺に麻布が使われており、緯糸とも14〜7本を数えるという。また御坊山古墳の場合は、経糸14〜12本、緯糸6本でやはり粗い麻布が使われている。飛鳥時代の瓦の製作にも、経緯糸が10本前後の粗いものが使用されている。これらの麻布からみると、弥生時代以降には緻密な細布とあらい粗布とが生産、消費とも区別されて

いたことがわかる。麻布の資料は少ないが、麻布を紡ぐ紡錘車は多くの集落で出土しているので、弥生時代に引き続き共同体ごとに生産されている。しかし古墳時代には、海辺部、内陸盆地、山間部の共同体ではそれぞれ特定の生産物への専業化が強まり分業関係が進展する傾向にあった。したがって、麻布の原料の確保や織布生産にあてうる労働力の多寡によって生産規模にかなりの差異が生じたとみられるので、交易によって不足分をまかなう場合も少なくなかったと推測できる。布は耐久性の強い製品なので、好条件を備えた交易品である。古墳時代には衣服に限らず、武器の付属品や土器づくりをはじめとする諸用具の製作工程にも布はかかわりをもつことが多いので、このような工人集団では交易によって織布を確保することが多かったと推測される。

麻糸を紡ぐ紡錘車は、以前の円盤形のほかに台形のものも多い。台形紡錘車は紡茎がついた例からみると、コマと同じく逆台形状に回転させている。材質は土製・石製・木製などがあり、重量は30〜40gのものが多い。木製紡錘車の民俗例では、50〜270gの重いものが知られているが、古墳時代のものは30g以下の軽いものが一般的である。

古墳時代の織機は、奈良県纏向遺跡から長さ45.6cmの布巻具と全長47.4cmで経糸痕跡をとどめた経巻具などが出土しており、ほかに京都府古殿遺跡でも経巻具が知られている。布巻具、経巻具の形態は前段階ととくに変わらない。緯打具は明らかでない。ほかに群馬県上細井稲荷山古墳から出土した機織具の石製模造品一組がある。これらは形態と相互の長さから、経巻具、緯打具、布巻具を表現したものとみられるが、緯打具は中筒に、布巻具は緯打具とする意見もある[6]。これらの部品から構成される織機は、弥生時代の地機から足によって綜絖を操作する機台をもつものに発展したことがわかる。

註

1) 渡辺 誠「スダレ状圧痕の研究」物質文化，26，1976

2) 太田英蔵「紡織具」日本の考古学，Ⅲ，1966

3) 『石岡都市計画事業南台土地区画整理事業地内埋蔵文化財調査報告書』茨城県教育財団，1982

4) 『近江麻布史』近江麻布史編さん委員会，1975

5) 角山幸洋「織物生産」日本の考古学，Ⅴ，1966

6) 太田英蔵「絹帛」月の輪古墳，月の輪古墳刊行会，1960

貝輪と銅釧の系譜

世界学習館
■ 木下尚子
（きのした・なおこ）

古代において腕輪（貝輪とこれに系統をもつ銅釧など）は社
会的秩序や価値観の表現手段として確たる意味をもっていた

今日私たちの用いる腕輪は，服飾上の個性表現の手段であり，その使用法も個人にゆだねられた，極めて不安定な存在である。しかし古代社会において腕輪は，その社会的秩序や価値観の表現手段として確たる意味を保ち，様々の使用に関する規制が設けられていたようである。

ここでは弥生時代の南海産貝類使用の腕輪と，これに系譜をもつ銅釧について私見をまとめてみた[1]~[3]。これらを通して，当時の人びとの思考回路にふれようとするのが本小稿の目的である。

1 南海産貝輪の出現

ゴホウラ，イモガイに代表される南海産貝類は，現在南西諸島の中でも奄美諸島以南の島々に多くを産する[4]。これらの貝は弥生時代前期頃，九州西海岸を北上して北部九州弥生社会にとり入れられ，そこで安定した消費を続け，いくつかの変化をとげながらも長くその伝統をのこすことになる。はじめに，南海産貝類北上に関わった南西諸島，西北九州を中心とする沿岸地方，北部九州以東の平野部の状況を概観し，出現に至る歴史的背景を考えてみたい。

沖縄諸島では，従来オオベッコウガサ（図2―12），ウミギク類，サラサバテイ（同13），オオツタノハなどの貝を用いた腕輪が使用されていた。これらは貝本来の形態や豊かな色彩を巧みに生かした貝輪で，端正な円環形をなす。ところが縄文晩期～弥生前期頃（沖縄貝塚時代前V期～後I期に対応）[5]，これらとは特徴を異にする一群の貝輪の使用が目立ってくる。それは白色円環形の貝輪で，その材料にはゴホウラを主にイモガイやシャコガイなど，白色の大形貝が用いられる（図2―8）。このような貝輪の製作は，貝本来の形態に拠らず貝殻の適当な肉厚部分を選定してこれを円環部に充てており，その製作意図は明瞭である。彼らは白い腕輪を欲したのである。この嗜好はその後も続き，従来の貝輪群に加えて沖縄における貝輪のもう一方の系統となるようである。

じつはこのような新しい動きは腕輪に限ったものではない。この時期沖縄諸島は長かった伝統的社会から脱皮して，聚落全体がリーフに面した砂丘地に移動し始める。人びとの生活は海に向って開かれた新たなタイプへと全面的に変化をはじめる。これに伴い，土器のつくりやセット関係にも大きな転換がみられる。沖縄諸島の縄文晩期～弥生前期平行期は，ちょうどこうした変化の前夜に相当している。

一方，これと同じ頃あるいはやや遡る時期に，微弱ではあるが南九州からの南下の動きがみられる。トカラ列島中ノ島の聚落跡において縄文晩期の南九州の土器がかなりまとまって発見されている。奄美・沖縄諸島でもわずかではあるが類例の報告があり，この時期の南九州との交流が知られる。つまり沖縄諸島における白色貝輪は，このような内外の微妙な動きの中で使用が顕在化しているのである。

九州側に目をうつすと，弥生時代前期頃南九州西海岸と北部九州をとりまく沿岸諸地域に，貝輪をめぐって同一の現象がみられる。それは二枚貝製貝輪と白色円環形をなす南海産貝輪が共存する現象である。二枚貝製貝輪は周知のとおり縄文時代以来使用の続いた在地的貝輪であり，その精製品はよく磨き上げられ白色円環形をなす（図2―9）。つまり二枚貝製貝輪とゴホウラ・イモガイ製貝輪は，材質と産地の差を除けば双方とも白色円環形という相似通った形態をなすのである（図2―9~11）。沿岸諸地域の人々にとって南海産の白色円環形貝輪の使用は，さしたる抵抗もなく行なわれたとみることができる。さらに，これら沿岸地域の埋葬遺跡の多くは，北部九州～西部瀬戸内特有のぶ厚い南海産貝輪をも伴っている[6]。したがって西北九州～山陰沿岸部の人びとが，南西諸島と北部九州以東の地を結ぶ貝のルートを担っていたということができる。ちなみに，同様の現象が最近調査された沖縄県木綿原遺跡でも認められ[7]，貝類原産地側における両者の習俗のみごと

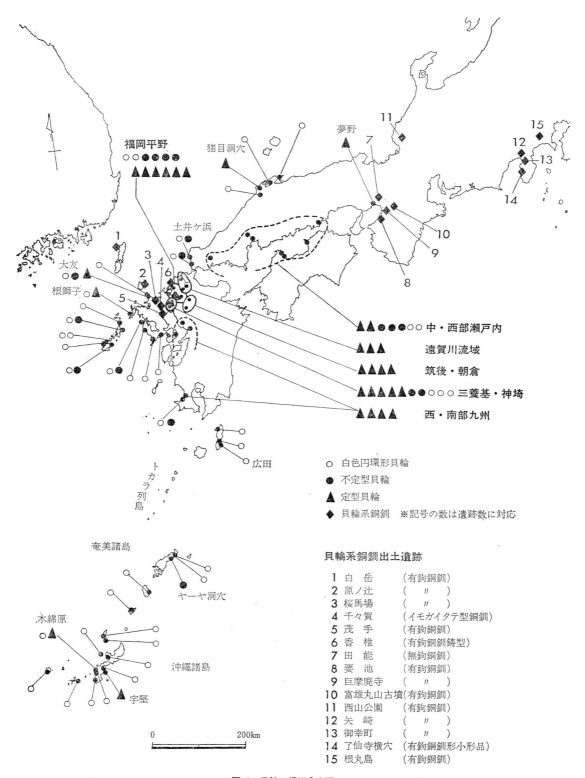

図1 貝輪・銅釧分布図

な重なりをみることができる。南島の情勢に接した沿岸地域の人びとが、白色円環形貝輪にいち早く目をつけたのは、外見的に類似する貝輪を使用し続けていた彼らだったからこそ、成し得たことかもしれない。

以上、南海産貝類の原産地とその運搬に関わった地域の情況を概観してみた。細かい問題はさておきここで注意したいのは、それぞれの地域において弥生前期頃、ゴホウラやイモガイを北上させ得る情況がすでにある程度はあったということである。地域ごとの異なった情況のうちに、貝の北上を支えた一定の必然性を読みとることは可能である。

次に、この必然性に動力を与えた需要地側の情況をみることにしよう。弥生前期後半頃に円環形以外の形態の南海産貝輪がみられるのは、鹿児島県高橋貝塚、長崎県宮の本、佐賀県大友、福岡県金隈、山口県中ノ浜、同県土井ヶ浜、広島県中山貝塚、岡山県門田貝塚の諸遺跡である。これらから先の貝類運搬ルートに関わる地域を除くと、福岡平野、中・西部瀬戸内平野部が残る。すなわちこれらの地域が純粋に南海産大形巻貝を求め、消費した地域である。

これら初期の貝輪の形態はさまざまであるが、いずれもゴホウラの原形をよく遺し、非常にぶ厚い貝輪であることにおいて共通している（図2─1・2）。さらに巻貝の螺構造を重視していることが、金隈例や土井ヶ浜例からわかる（口絵3参照）。岡山県門田貝塚ではゴホウラ製貝輪の他に、アカニシを用いた巻貝製貝輪が多く出土している[8]。これらも螺構造を広くとりこんだ重厚なものであり、初期の南海産貝輪と同様の作風をなす。しかし瀬戸内の人びとも、結果的には近海のアカニシではなく南海のゴホウラに執着している。これは珍品尊重ということのほかに、アカニシでは満たし得ないゴホウラの属性に原因するものである。それは、磨きこめばそれだけ純度を増すゴホウラの白さであろう。すなわち、純粋な白さと大ぶりな螺構造──この2つの属性が、南海産貝輪の価値であったといえる。南海産貝輪の主流が螺構造の弱いイモガイではなく、一貫してゴホウラにあったのも、上記のような事情に拠ると考える。

南海産貝輪の使用が顕著になるのは、弥生前期後半以降である。この時期は同時に、北部九州弥生社会の画期のひとつとして注目されている[9]。

すなわち遺跡の分布が飛躍的に拡大し、成人用大形甕棺の成立があり、銅剣・銅戈・銅矛の武器形祭器の副葬が始まる。ことに甕棺墓制の成立には、独自の価値体系の成立を垣間見ることができる。このような中で、それまで専ら大陸に注がれていた目が、はるか南海の島々に向けられたのである。

つまり、当時成立しつつあった農耕社会の価値体系を示すシンボルの一つとして、＜純白な螺構造＞が選ばれたのである。北部九州～中・西部瀬戸内が同様の価値観を共有したらしく、とくに北部九州では貝輪の着装に関して様々の規制が行なわれた。ゴホウラが弥生人の嗜好を最もよく満たす材質であったこと、縄文晩期～弥生前期に南西諸島方面の情報網と貝類北上の条件がすでに整っていたことは、先述したとおりである。しかし、何故純白な螺構造が選択されることになったのか、その契機については、まだ筆者の力が及ばない。

2　地域別にみた貝輪習俗の動態

前章でのべた白色円環形の貝輪を便宜上Ⅰ類貝輪、貝の原形を重視した貝輪をⅡ類貝輪とする。Ⅰ類貝輪は二枚貝製貝輪と南海産貝輪に細分が可能であり、Ⅱ類貝輪は初期の不定型貝輪（土井ヶ浜型・金隈型など）と定型貝輪（諸岡型・立岩型など）に細分できる。また貝輪分布地域を≪主体地域≫、≪通過地域≫、≪波及地域≫に分け、下記のように地域を設定した。

① 主体地域　　Ⅰ〔福岡平野
　　　　　　　　　西・南部九州
　　　　　　　　　遠賀川流域
　　　　　　　　　朝倉・筑後地方
　　　　　　　　　三養基・神埼地方
　　　　　　　Ⅱ─中・西部瀬戸内
② 通過地域─西北九州沿岸部
③ 波及地域─響灘～山陰沿岸部

以下、上記分類に従い、地域的動向を概観してみたい。

① 主体Ⅰ──この地域は甕棺墓制の拡大と軌を一にして貝輪分布の拡大がみられ、≪甕棺墓社会的貝輪地域≫ということができる。

福岡平野では弥生前期～中期にゴホウラⅡ類貝輪着装例が7例知られる。小児を除きすべて男子右腕への着装である。初期の不定型貝輪は徐々にその厚みを減じ、中期中頃には均整のとれた諸岡

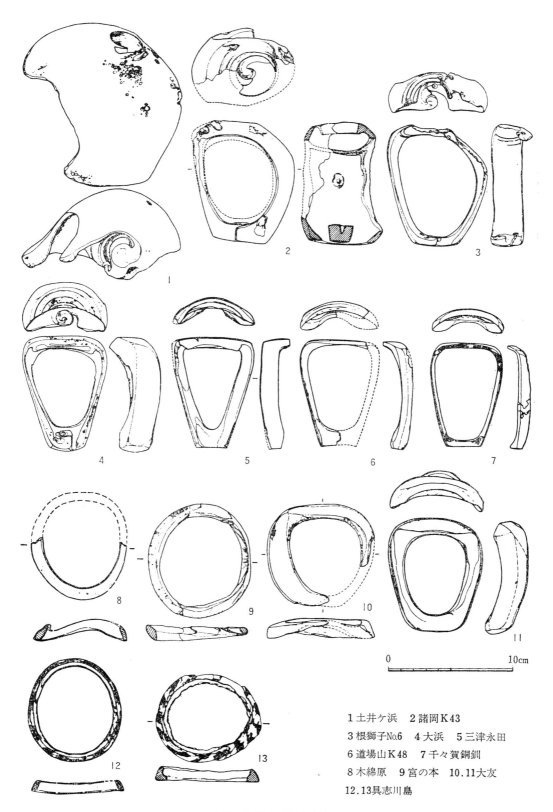

図 2 貝輪と銅釧 (1)

型貝輪となる。これと同時に一人当たりの着装数は1〜2個から一挙に8個前後まで増加する。これは当時の弥生社会内に，貝輪着装に期待した一定効果の増強の要求が高まり，これが着装数増加となって表われ，結局貝輪1個体ごとの厚さを減らすことになったためであろう。諸岡型貝輪はゴホウラの螺構造を残すぎりぎりの幅まで厚さを減じ，このことでかえって型式として安定している（図2—3）。

ところが中期末頃からこの地域の甕棺墓の形成は急速に衰退し，諸岡型につづく貝輪は現在知られない。

西・南部九州の貝輪は福岡平野の情況を忠実に反映している。この地域では弥生中期前半から後期前半まで，甕棺墓地4例から諸岡型貝輪が検出されている。着装状態のわかるものは，成人男子右腕着装である。

遠賀川流域では，中期前半の甕棺墓地で諸岡型貝輪が，やはり成人男子右腕に着装されている。つづく中期後半にこの地方は，立岩地区を中心に隆盛期を迎える。これに伴い貝輪は立岩型とよばれる独特の形態に変化し，着装数は12〜14個に増加する。この諸岡型→立岩型の変化は，従来の南海産貝輪に価値変換をもたらした。すなわち着装数増加への要求が，貝輪内の螺構造に認めた価値観をしのぎ，前者を優先したために貝輪は螺構造の保持を放棄せざるを得なくなったのである。螺構造の表示にかわって採用されたのが，ゴホウラ特有の結節部の表示であった。この部分は諸岡型以前の貝輪では入念に磨き込まれ，なめらかな曲面となっていたが，立岩型貝輪ではこの部分を不自然に強調し，外に向かって突き出した造形になっている。貝輪はさらにゴホウラ上唇部をとりこんでこれを直線的に磨りおとし上辺となし，他の各辺も直線的になり，互いに角をなして交わる。全体的に角ばったモチーフの立岩型貝輪は，つるっとして丸い感じの諸岡型以前の貝輪とは大きな隔たりがある（図3—1）。

立岩型貝輪成立の段階で，Ⅱ類貝輪はその＜純白な螺構造＞という本来の価値から螺構造を欠落させ，その欠を人工的造形で補うことになった。すなわち立岩型貝輪の生成を転機に，Ⅱ類貝輪の価値は，天然の造形→人工の造形に横すべりをはじめたといえよう。これにつづく時期の福岡県上り立例では，立岩型のクセのさらに進行した状況

がよく示されている（図3—2）。

筑後・朝倉地方では中期後半の甕棺墓地からイモガイヨコ型貝輪が集中的に検出されている。着装例5例のうち，小児1例以外は成人女性であり，着装に際し左右の限定はみられない。いずれも3〜14個の多数着装である。貝輪に関してこの地方の独自性を認めることができそうである。一方，弥生中期後半，筑後と福岡平野を結ぶ筑紫野市の低丘陵の甕棺墓地に，イモガイヨコ型貝輪の着装例が2例知られる。また遠賀川流域でも女性が両腕に10〜17個着装しており，筑後・朝倉地方を中心とした女性着装のイモガイヨコ型貝輪の分布の広がりが知られる。

佐賀平野東部に開けた三養基・神埼地方は，各地の貝輪の動向をよく反映しながら，やはり独自の貝輪体系を成立させている。中期前半〜中頃に諸岡型の着装例が3例知られ，中期後半には立岩型がみられる。一方，中期前半からイモガイタテ型貝輪が出現し，小児・女性を中心に使用されたようである。イモガイタテ型貝輪は，初め唐津や呼子に近い沿岸部との関係で，Ⅰ類貝輪の形態でこの地にはいったとみられる（図2—11）。しかし間もなくこれらは，螺構造とイモガイ本来の形態を重視した在地的Ⅱ類貝輪に作り変えられる（図2—4）。中期後半になるとゴホウラの多数着装化・扁平化・造形化に呼応して，直線的な薄い貝輪になる（図2—5・6）。これらは立岩型貝輪とセットをなして，三津永田などの遺跡で検出されている。西北九州沿岸部の中心地と直接つながっていたことが，この地の貝輪習俗に深い影響を及ぼしたといえよう。

② 主体Ⅱ——中・西部瀬戸内地域には弥生前期〜中期にゴホウラ・イモガイ・オオツタノハの各種の南海産貝類が流入している。これらのうち北部九州と共通するⅡ類貝輪の出土がやや顕著であるが，甕棺内で発見される後者に比べ遺存率は極めて低い。広島県丸子山遺跡出土例は中期末頃とされるが，貝輪は原初的特徴をのこす。この地域のⅡ類貝輪は北部九州と同様のスタートをきりながら，後者のような変化はとげず，後期に至るまで原初的形態を保ったのではないだろうか。

これらとは別に，神戸市夢野で弥生中期末の壺内に総計30個の立岩型貝輪が発見されている。出土状況は特異であるが，貝輪は明らかに北部九州の型式を踏襲するものである（図3—6）。ただ

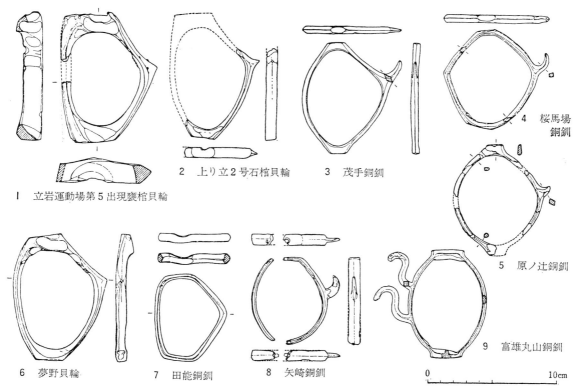

図 3 貝輪と銅釧（2）

夢野の貝輪は上唇部をとりこんだ部分の角があまくなく，結節部の突起の造形にも立岩型貝輪の意識を汲みとることはできない。貝輪の数は多いが，結局立岩型貝輪の表面的な模倣におわっている。

③ 通過地域——西北九州沿岸部では，弥生文化の伝播が非常に早く，人や物の頻繁な動きが，墓地などに敏感に表われている。貝輪では縄文的な二枚貝製貝輪を女性のみが使用するという，従来の習俗が根強いが，Ⅰ類貝輪の形でゴホウラ，イモガイタテ型，オオツタノハ，マツバガイなどが使用される。イモガイタテ型にはⅠ類貝輪が多いが，三養基・神埼地方の影響をうけてぶ厚いⅡ類貝輪もみられる。また初現期の不定型Ⅱ類貝輪や諸岡型貝輪も混在し，この地域が生産地と消費地の間にあったという立場をよく示している。しかし中期後半以降このような動きは衰退したらしく，貝輪習俗は再び女性の二枚貝製貝輪着装のみに限られるようになる。南海産貝輪は結局この地を通過したにとどまり，本質的な変化をもたらすまでには至らなかったといえる。

④ 波及地域——響灘沿岸から山陰・出雲半島にかけての海岸部は，海を媒介とした人びとの活動により北部九州側の動向がいち早く伝わっている。この一帯は二枚貝製貝輪を小児に着用させる習俗が根強いらしく，弥生前期から小児用二枚貝製貝輪に混じってⅡ類貝輪が3例，Ⅰ類貝輪が2例知られる。しかし南海産貝輪の出現によって新たな貝輪習俗が生成された様子はなく，いずれも単発的な現象におわっているようである。弥生後期の猪目洞穴では，立岩型貝輪着装例が知られる。しかしその貝輪は立岩型の不完全な模倣に終始し，やはり単なる波及現象とみられる。

南海産貝輪はその初現期において，共通の理念から使用が開始されたとみられるが，地域社会ごとの事情により，微妙にそのあり方，発展方向を変えていることがわかる。次に述べる銅釧への転換も，このような地域ごとの変化の線上で理解できる。

3 銅釧への展開

貝輪からの系譜のたどれる銅釧を貝輪系銅釧とよんでその他の銅釧と区別し，前者を次のように分類する。

45

$$\left\{\begin{array}{l}\text{ゴホウラ系銅釧}\left\{\begin{array}{l}\text{有鉤銅釧}\\\text{無鉤銅釧（田能型銅釧）}\end{array}\right.\\\text{イモガイ系銅釧—千々賀型銅釧}\end{array}\right.$$

① 有鉤銅釧

現在 12 遺跡 49 個体の有鉤銅釧と 1 鋳型が知られる[10]。うち 48 例が弥生時代中期末～後期に属す。分布は北部九州・畿内・北陸・東海～南関東にわたり，貝輪とは対照的である。

有鉤銅釧が立岩型貝輪に原形を求め得ることは，小林行雄氏によって早く説かれていた。佐賀県茂手遺跡出土の有鉤銅釧と上り立出土の立岩型貝輪とは厚さ・形態ともよく似ており，この時点で材質転換が行なわれたことを予測させる（図3—2・3）。有鉤銅釧は立岩型貝輪のもつ人工的造形力が，貝輪として最後に残された白さという素材への限定性を凌駕した所で成立したものである。新たに生成された銅釧に，立岩型貝輪の造形的強調点がより明確に示されるのは当然のことであったろう。かくして立岩型貝輪の突起は銅釧の鉤に転換をとげた。

貝輪から銅釧への転換の主たる要因は，上記のように貝輪に内包されていたといえる。しかし当時盛んになっていた青銅器国産化の動向，さらに腕輪多数着装化に応える製作上の利点なども，これを一挙に実現させた要因として見逃すことはできない。

北部九州における有鉤銅釧は，対馬・壱岐・唐津・武雄にみられ，いずれもそれまでの貝輪使用地の周辺部に当たる。桜馬場では甕棺内に 26 個，原ノ辻では甕棺墓地から 3 個検出されており，これらが貝輪と同様に使用されていたことがうかがわれる。このようなことから，有鉤銅釧は立岩型貝輪の代用品として，主として貝輪使用の周辺地域で使用されたといえる。しかし，その性格には不明な部分がまだ多く，今後これらの鋳型の出土や同笵関係資料の増加が期待される。

一方，北部九州でのこのような動向は畿内にいち早く現われ，ほぼ時を同じくして河内・和泉地方に類例が現われる。畿内の有鉤銅釧は同様に北部九州のものを踏襲するが，鉤がやや扁平化する傾向がある。福井県西山公園例も同じ傾向を示す。

有鉤銅釧はさらに東に伝わり，駿河湾にのぞむ沼津周辺で流行する。この地方は帯状の円環形銅釧の使用が盛んであったらしく，これに扁平な鉤部を貼付した形の有鉤銅釧が知られる。ここに至

ると有鉤銅釧は完全に原義を失い，鉤のみが半ば独立したかたちで受け入れられたようである。

以上述べてきたように，北部九州で立岩型貝輪の亜流として成立した有鉤銅釧は，そのわかりやすい形と製作の容易さもあってか，短期間の内に畿内以東に伝わった。反面貝輪としての原義の崩壊も速かったらしく，畿内以東の地では単独に住居跡などから出土したり，一括埋納されたりしている。有鉤銅釧の分布の拡大に関しては，類例の増加をまってその意味などの検討を行ないたい。また，三島格氏の説く「鉤の呪力」についても，今後考察を深める中で位置づけを行ないたい。

② 無鉤銅釧（田能型銅釧）——尼崎市田能遺跡第 17 号木棺墓の成人男性左前腕着装例が 1 例知られる。銅釧の形態からみて，これが先の夢野出土貝輪を下敷きにしていることは明白である。おそらく北部九州の立岩型貝輪→有鉤銅釧と軌を一にして生成されたものであろう。北部九州と好対照をなす畿内の動向として注目される。

③ イモガイ系銅釧（千々賀型銅釧）——唐津市千々賀遺跡で甕棺に伴ったとされ，現在 8 個が伝わっている（図 2—7）。甕棺の時期など詳細は不明である。

三養基・神埼地方を中心としたイモガイタテ型貝輪の分布を考慮すると，その周辺部に当たるこの地に，青銅製釧が出現するのは極めて理解しやすい。立岩型貝輪が上り立例を中立ちに有鉤銅釧に変化し，桜馬場甕棺から多数出土しているのと同様，イモガイタテ型貝輪も道場山例を中立ちに材質転換をとげ，千々賀甕棺に多数伴っている。この地方の銅釧の出現が男女軌を一にしていることがよく理解できる。しかし千々賀型銅釧が有鉤銅釧のように普遍性をもち得なかったところに，地方的産物の限界とゴホウラに比してイモガイの質的な貧弱さが窺える。

4 おわりに

以上，南海産貝輪の出現から銅釧への転換の系譜を概括的に述べた。銅釧の出現は南海産貝輪の終着点ではなく，むしろその変容の途中で生じた亜流的現象と考えたい。貝輪がその原義であるゴホウラという材質への執着を，造形的要因のみで放棄したとは考えられない。ゴホウラへの執着が何らかの形で続いていたことは，前期古墳にわずかに現われるゴホウラ製鍬形石や，各地に点々と

のこる古墳副葬の南海産貝輪によっても，うかがい得る。一方，有鉤銅釧も畿内でその原義を持続させたらしく，富雄丸山古墳では鍬形石と共に出現している（図3—9）。貝輪から派生した2系統の形態が，互いの変化の終着点で共存している現象は貴重である。

註
1) 木下尚子「弥生時代における南海産貝輪の系譜」日本民族文化とその周辺，1980
2) 木下尚子「弥生時代における南海産貝製腕輪の生成と展開」古文化論攷，1982
3) 木下尚子「貝輪と銅釧」末盧国，1982
4) 永井昌文「貝輪」立岩遺跡，1977
5) 高宮広衛「編年試案の一部修正について」南島考古，7，1981

6) 最近調査された長崎県出津遺跡では，大半を占める二枚貝製貝輪に，マツバガイ・チリボタン製の鮮やかな貝輪が混在し，さらにぶ厚いゴホウラ製貝輪が伴っている。この地方の特色を示す典型的埋葬址である。
7) 読谷村教育委員会・読谷村立歴史民俗資料館『木綿原』1978
8) 邑久町歴史民俗資料館蔵。長崎県浜郷遺跡でも同様の貝輪が出土している。
9) 森貞次郎「弥生文化の源流と展開」古代の日本，1970 ほか
10) 最近福岡県古賀町浜山遺跡B地点で，有鉤銅釧の鉤部とみられる鋳型が検出された。小破片のため断定できないのが残念である。弥生中期中頃～後期の住居址出土。福岡県教育委員会『浜山遺跡』1982

人物埴輪頭部における装身表現

—関東での変遷と地域性—

国立歴史民俗博物館
杉山晋作
（すぎやま・しんさく）

古墳時代の装身を具体的に示している人物埴輪がある。関東地方の資料をとりあげてその変遷と地域性をさぐってみよう

古墳時代でも6世紀代の装身を知る好資料に人物埴輪がある。それは，ある祭式を表現するために製作されたのであるから，登場する人物の階層が偏りがちであり，また，身体各部位も抽象化・形式化した表現であることが多い。ここでは，装身に関する埴輪での表現法の差異を，広く日本各地例の比較によらず，人物埴輪の出土数が多い関東地方の中で求めることとした。一地方である関東においても多くの埴輪製作集団が存在し，それぞれに個有の作風をもっていたことはすでに指摘されている[1]。したがって，当時の装身法が関東では共通していた場合であっても，人物埴輪に表現された形態は異なることが考えられる。それでもなお，製作集団の活動範囲をこえた地域性や変遷が認められる装身の表現法を，頭部装飾に限って性別差や身分差も配慮しながら概観してみた。なお，資料の出典は省略する。

1 男

（1） 髪形

人物埴輪の男女を区別する要素の1つに髪形の相異があり，男は頭髪を左右に2分し，その先端を両耳近くで束ねた美豆良としていることは古くから知られている[2]。さらに，大刀を佩したり挂甲を着装する上層の男がいわゆる下げ美豆良に，鎌をもつ下層の男がいわゆる上げ美豆良にしている例が多いことも指摘されている[3]。しかし，多くの男子像の中には上げ美豆良さえ表現しない農夫があることに気づく。さらに，下げ美豆良の髪も左右に振り分けた頭髪のすべてを束ねていない例が見られる。群馬県塚廻り4号墳や綿貫観音山古墳の男子像は，頭髪上半を短くして左右に振り分け，美豆良は頭髪下半を長くして左右で束ねている。また，美豆良のほかに，髪を後頭部から背中へ垂らした弁髪様の表現が数例認められる。

さて，下げ美豆良の表現にも数種の手法が認められる。美豆良自体の形態では，裾がやや太くなるが末端を切り揃えた円棒状美豆良（口絵4—1）があり，円棒状ながら裾端部の一部がわずかに前方へ反る美豆良がある。また，円棒状ながら裾のみは扁平につぶして左右に拡げた裾分け美豆良（口絵4—2）があり，さらには，裾分けを極端に

47

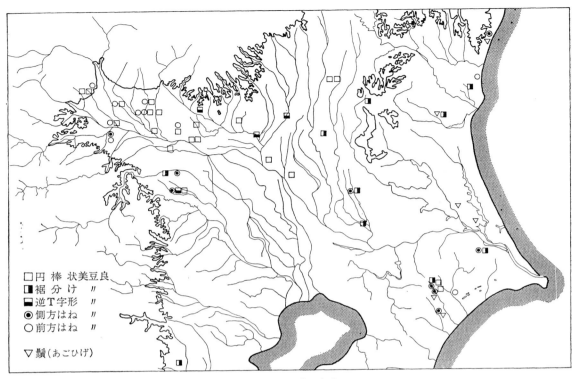

男子像の美豆良の表現

したような逆T字形美豆良もある。これらに対して，美豆良全体が豊かなふくらみをもつか裾が丸味をもち，かつ，裾が大きく前方または側方へはね上げた形のはね美豆良（口絵4-3・4）も多く認められる。このような表現上の差異は，単に埴輪製作集団ごとの造形技法の違いを示しているのみでなく，当時の美豆良形態の差を多少は反映しているものと考えられる。

　栃木県七廻り鏡塚古墳の頭髪で美豆良と考え得る2束の毛髪は，結縛部分がねり固められ，さらに，外表を樹皮状のもので覆われていた。また，毛先は切断されていたという観察結果が出ている[4]。6世紀中葉と報告された七廻り鏡塚古墳例に対して，もう1例，埴輪消滅後の7世紀代とされる茨城県武者塚古墳の髪も参考になる[5]。報道では耳元で束ねて垂らした毛先を再び上げて輪状にし，紐で結んだ美豆良であるといい，写真では毛髪をねり固めてはいないようである。さきに述べた埴輪に表現された美豆良各種のうち，円棒状美豆良は毛をねり固め樹皮状品を巻いて裾を切り揃えたようで七廻り鏡塚古墳例に近く，はね美豆良は長い毛先をねり固めず再び捩り上げて紐などで縛ったようで，武者塚古墳例に近い。美豆良は，毛先の処理法でとくに裾の形態差を示すことが知られる。

　埴輪で見られる美豆良の垂下方向には，両肩の前に垂らす前方垂下型と，両肩上の左右側方へ垂らす側方垂下型がある。多くは前方垂下型であって，しかも，関東の広い地域で認められるが，側方垂下型は茨城県東部や千葉県東部という海岸地域に多いようである。円棒状美豆良は前方垂下型地域の中でも群馬県から栃木県南部にかけて多く見られ，一方，裾分け美豆良は側方垂下型の見られる海岸地域に多い。また，逆T字型美豆良は前方垂下型の多い地域の中でも側方垂下型が見られる地域に接する栃木県南部に多い。以上の美豆良群に対して，はね美豆良は地域的に偏らず関東全域で見られるが，垂下方向だけは前方型と側方型による地域差を顕著に示す。これまで美豆良によって分けた各地域には，作風を異にする埴輪製作集団がさらにいくつか存在する。つまり，作風を異にしながらも共通したタイプの埴輪の美豆良が認められるのは，当時の髪形が地域によって異なる場合もあったことを示していよう。

　次に，地域性を示した美豆良群と地域性を示さなかったはね美豆良との時間的関係が問題とな

る。これについては，例えば，円棒状美豆良とはね美豆良の両者が見られる地域における当該例出土古墳の年代観の比較によって，少なくとも円棒状美豆良は古くから認められ，はね美豆良は新しい時期の所産であることが理解される。ここで根拠を詳述する余裕はないが，はね美豆良の6世紀後葉における出現は，衣服の変化とも対応して当時の社会組織の変革を示唆しているようである。このはね美豆良に見られる螺旋状巻上げは，髪そのものかそれとも別種の紐を表現しているのか明らかでないが，円棒状美豆良にも紐を巻きつけた表現があり，装飾性豊かなものであったことが知られる。とくにはね美豆良を表現した人物の身分的性格も問題にされよう。

なお，下層とされる農夫像に表現された上げ美豆良は，両側に垂らした髪を何度か折り返して短くし，中位にあたる髪根で紐などによって水平方向に巻きまとめたものらしいが，まれに垂直方向に巻きまとめたものもある。上げ美豆良は関東でも広い地域で認められ，地域性を示す形態差は顕著でない。

（2） 鬚（あごひげ）

長老と考えられた男子像にまれに表現される鬚は，美豆良の裾を左右側方にはね上げる側方はね美豆良の男子に多く，すでに指摘されているように分布も茨城県や千葉県といった海岸地域に集中する[6]。なお，茨城県那珂郡東海村舟塚1号墳の男子像は，口から顎にかけて鬚状に黒色彩色を施しており，鬚の表現は粘土によるものだけでなかったことが知られる。着色部位によっては彩色の意図が異なる点に留意する必要があろう。

（3） 被 物（かぶりもの）

男子像に頭部を飾る被物の表現が多い。よく知られているものでも，鍔付山高帽・鍔付三角冠・三角冠・連続山形冠・円帽・頭巾・鉢巻・菅笠などがあって多様性を示している。このうち，地域的対応関係を示す例の1つに，鍔付山高帽と鍔付三角冠がある。両者は正面から見れば似た形態の被物であるが，後者は頭部前面にのみ三角形の前立風の飾りをもつもので，後背に粘土紐で支えを付すことがある。両者とも6世紀の新しい段階の男子像に表現されたものであるが，鍔付山高帽は群馬県から栃木県南部にかけて集中して見られ，鍔付三角冠は，鍔なしの三角冠を加えると若干の例外を除いて，茨城県東部から千葉県東部の海岸

地域に多く，美豆良と同じような地域性が認められる。

これに対して地域的な偏りを見せず，むしろ，身分ないし職掌に特徴的な例として盾持ち像や農夫像の被物をあげることができる。盾持ち像の被物は，半球状か截頭円錐状の帽状品に，円棒を横架した形か円棒の両端が上方に反り，二又に分かれている形の特異なものである。これを，両側の美豆良が頭頂部にてまとめられたための形態とする考えもできるが，埼玉県熊谷市女塚古墳例では美豆良は別に表現されている。盾持ち像特有の頭頂部を被物でなく髪形と考えるためには，頭頂部で円棒状を呈する別種の髪形を想定する根拠が必要となろう。いずれにしても，盾持ち像の頭頂部は関東で広く見られ，職掌に関連した形態と言える。また，農夫像に多いのは，菅笠状の被物である。地域的には，栃木県南部と茨城県や千葉県の現在の利根川中・下流域に多く農民風俗の一端を示しているのであろうか。

そのほか，連続山形冠・鉢巻・頭巾などに認められる身分・職掌差は，個々の古墳ごとの人物埴輪群の分析によって確定されることになろう。

（4） 頸飾り

上層・下層を問わず男子像の頸飾りはほとんど1列に表現されており，丸玉を主体とする。表現された玉の形状には球状や扁平な小円板を呈するものがあり，その貼り付け法も玉を密にしたり間隔をおいたりする例があるが，それらは造形技術と絡む作風差であることもすでに指摘されている[7]。したがって，造形技術の上での地域差や年代差は各地で認め得るが，本来の頸飾り形態の差を反映した例の抽出は難しく，茨城県の猿島郡や筑波郡という狭い地域に，胸へ2条の垂下を加える例があるといった類にとどまる。むしろ，関東西部には，本来が丸玉でない大きな玉を頸紐から垂下したように貼り付けた例があって，その表現は連続山形冠の男子像や弾琴像に見られるという身分ないし職掌にかかわる頸飾りの形態差が指摘できるようである。後述の女子像に関しても同様であるが，他の人物と異なる頸飾りをつける人物は，その人物埴輪群で再現されるような祭式の進行に際して中心的役割を果すものであったらしい。なお，農夫像には頸飾り表現のない例もある。

頸飾りと同じく男女像に共通して見られる耳環は，貼り付けといった造形技術に地域色が認めら

49

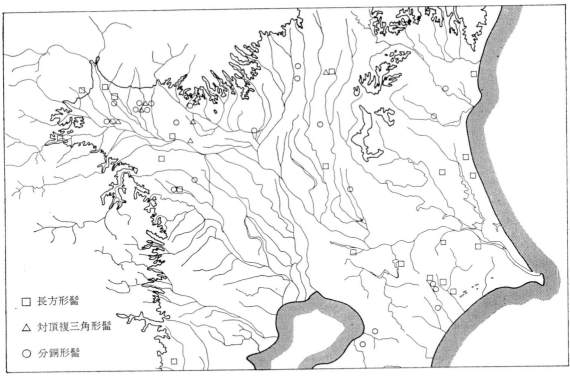

女子像の髻の表現

れる。しかし，当時の耳環装着法にも地域性があるとまで考え難いのでここでは省略しておく。

2 女

（1）髪　形

人物埴輪の女子像に表現された髪形には，順序は不明であるが前後に髪を折り返し，その中央を幅広の紐で束ねた髻がある。古くから指摘されているように，髻の平面形は，角形と分銅形を呈するものの2種に大別できる。つまり，髪を折り返した部分の線形が，上から見て，直線的になるものが角形であり，弧状や隅丸形あるいは半円形になるものが分銅形である。もう少し細かく分けると，角形髻には，中央部の束ねによって髻部分の幅がわずかに減じるものの，平面形は長方形に近い長方形髻（口絵4—5）と，中央部の束ねを強くしたために髻の幅が大きく減じ，鼓の側面形に似た形を呈する対頂複三角形髻（口絵4—6）がある。さらに長方形髻を頭部径より極端に小さく表現した例も見られる。一方，分銅形髻（口絵4—7）も，折り返し部分の髪の左右への拡げ具合によって上述の微妙な形態差が認められる。埴輪の女子像として登場する巫女や盛装女のそれぞれに上述

の各種タイプの髻がやはり各々見られることによって，特殊な職掌や身分に対応して髻の形が相異するものでないらしいことは理解できる。ただし，農婦のすべての髻がどのような形であるかは不明としておく。したがって，上述した髻の形態差は地域差か年代差を示していることになる。

角形髻のうち長方形髻は，群馬県の西部にもあるが，栃木県東部や茨城県および千葉県東部に多く見られる。その中でも茨城県の結城郡や龍ヶ崎市周辺に見られる極めて小さい長方形髻は，当該地域の特殊な人物埴輪製作技法と関連するものであることがわかる。一方，角形髻のうち対頂複三角形髻は，長方形髻の盛行地域に対して，栃木県真岡市を東限にし，それより西の群馬県に多い。このように角形髻の中では，その分布地域が分かれて認められる傾向にあるが，角形髻に対する分銅形髻は関東各地に見られる。ここで角形髻と分銅形髻に地域的対立を求め得ないことが明らかとなった。

残る年代差については，関東において両者が併存する地域の該当髻出土古墳の年代観を比較することによってその妥当性を求めることになるが，一部地域においては，角形髻は古相を，分銅形髻

は新相を呈していることが明らかとなった[8]。もっとも，人物埴輪における髷の表現がさほど写実的でないことは断るまでもないが，ふくらみをもたせた写実的な髷の著名な例もある。群馬県の大泉町古海例は髪の折り返しの線形が直線的であり，伊勢崎市豊城町横塚例や高崎市綿貫観音山古墳例はそれが弧状を呈していて，前者が古相を，後者が新相を示すと認めれば，6世紀代の関東各地に存在する埴輪製作集団の作風差と，集団の活動範囲をこえたところの当時の髷形態の共通変化を推測することが可能であろう。男の美豆良と同じく，女の髷もまた多少の変遷が認められるようである。

なお，この髷形態の変化は，髪を束ねる位置の変化と相関関係にあるらしい。つまり，角形髷の長方形あるいは対頂複三角形髷は頭頂部で水平に貼り付けられているのがふつうであり，一方，分銅形髷はやや後の後頭部で斜めに表現されている例が多い。少なくとも，前髪については，髷全体が水平よりも斜めのほうが左右に拡がりやすいであろう。その後，1世紀を経て見せる奈良県の飛鳥高松塚古墳石室壁画の女子像の髪は，前髪だけを頭頂部にて束ね，後髪は背中へ垂らすようにまで変化している。

（2）髪飾り

埴輪の女子像における髪飾りの表現は，髷の形態変化に対応して相異が認められる。竪櫛は，分銅形髷の下の額部に貼り付けられている例が多く，一方，笄状髪飾りは，長方形あるいは対頂複三角形髷といった角形髷の前面に，髪へ挿し込んだ形で笄頭部のみを表現している例が多い。また，両者の中間形態として，櫛歯をもちながらも頭部は笄状に小さくしぼった髪飾りを額部に表現した例がある。髷の変遷解釈が妥当とすれば，髪飾りもそれに伴って変化したことになる。

（3）頸飾り

女子像に表現された頸飾りは，男子像と同じく丸玉などの同種の玉による1列のものが多く，類例は少ないが2列のものもある。また，1列・2列ともに勾玉を含む例がある。ここで詳細に分けることを避けてその分布を見ても，勾玉を含む例を加えた1列の頸飾りは関東各地で認められ，2列の頸飾りは群馬県に多い程度で，地域性を示さず，また古相や新相を呈する女子像の両者にも同種の頸飾り表現が見られることによって年代差

も示していないようである。

ここでもやはり男子像と同じく身分ないし職掌による表現例が認められる。それは，勾玉を含むかあるいは2列の頸飾りの女子像である。古相を示す群馬県太田市塚廻り4号墳の人物群では，器を捧げる女は勾玉を含み，同3号墳の襷と鈴釧を着け器をもつ女は勾玉を含む2列の頸飾りをつける。また，新相を示す群馬県高崎市綿貫観音山古墳の人物群では，2列の頸飾りは器を捧げる女に見られた。このように，巫女ないしそれに準ずる女は勾玉を含むかまたは2重の頸飾りをする例が多く[9]，男子像の表現とは若干異なるが，特定の身分や職掌を標示しているとも考えられよう。もちろん，現実に出土する玉類に勾玉を含む例や，男性人骨に勾玉が伴う例もあるので，ここでは，人物埴輪群で意図しようとした祭式における頸飾り着用の事例を示していると理解しておきたい。

埴輪に表現された玉類の本来の材質の推定や，女子像に多い耳玉の問題，それに男女像に共通して見られる顔面彩色法の地域性[10]など触れねばならぬ課題は人物像の頭部に限っても数多い。埴輪で見た関東の海岸地域と他地域との相異は，文献に残る大国造と小国造の分布の相異に似ている。支配圏の大小差の形成には，水系という地理的要素による文化や習俗の交流形態も関連したらしいことが予測される。今後は，各埴輪製作集団の活動範囲を明確にすることでさらに研究が進もう。

註
1) 小林行雄『埴輪』陶磁大系，3，平凡社，1974
2) 坪井正五郎『埴輪考』1901
3) 高橋健自「埴輪及装身具」考古学講座，12，雄山閣，1929
4) 鈴木　尚ほか「人類学的研究」七廻り鏡塚古墳，大平町教育委員会，1974
5) 1983年4月13日『いはらき』新聞
6) 市毛　勲「はにわをめぐる10の謎」歴史読本，21—11，1976
7) 小林行雄『埴輪』陶磁大系，3，平凡社，1974
8) 杉山晋作「房総の埴輪（1）―九十九里地域における人物埴輪の二相―」古代，59・60合併号，1976
9) 石塚久則「形象埴輪の衣服と装身具について」塚廻り古墳群，1980
10) 市毛　勲「人物埴輪顔面の赤彩色」朱の考古学，雄山閣，1975

耳飾からみた性別

大阪府教育委員会
■ 西口陽一
（にしぐち・よういち）

国府遺跡などから出土する玦状耳飾は縄文時代前期初頭に突如として出現し，またたく間に日本全土にひろがっていった

筆者に与えられた課題は，国府遺跡などにおける玦状耳飾出土例をもとに，男性・女性の区別を想定し，社会構成を考えよ，また，耳飾全般の変遷についても概略ふれよ，また，外国諸例との比較検討も施せ，とのことである。以下，責務を果したい。

1 国府遺跡の玦状耳飾

国府遺跡（大阪府藤井寺市）からは，現在，13個の玦状耳飾が出土している。内訳は，大正6年の第3次調査で3対，大正7年の第4次調査で3対，後年の表面採集で1個（大阪市立博物館蔵）である。

大正当時の記録によって出土状況を復元[1]してみると，3次調査では15体の人骨が検出され，その内の3体から3対の耳飾が検出された。第4号人骨の左耳下にあったものは径約5.1cm，厚さ0.3cm，右耳下にあったものは細断されていたがほぼ左耳下のと同形同大，そして，折れた一端には小円孔が穿ってあった。石質は双方ともやや質を異にした濃緑色の滑石らしく思われた。第13号人骨に伴ったものは，1は粗玉製で，下顎下に立てて置かれ，輝石（？）製のは胸辺左寄りに両手指で堅く押えられたままで出土し，その大きさは粗玉製のもの径3.9cm，輝石（？）製のものがやや大きい。また，13号人骨には口辺歯牙上に径1.8cm，高さ0.9cm強の臼玉が置かれていた。第14号人骨に伴ったものは，玉製の1個は右耳下に，同じく玉製の1個は左胸辺に両手指で押えた状態のままで出土した。その大きさは両者ともほぼ同大で，左胸辺存在のものがやや大きく径3.9cmあった。この14号人骨に伴ったものは各々両断され，その接合部には双方とも1個ないし2個の小円孔が穿ってあった。また，厚さの点では，4号人骨の2個および13号人骨の輝石（？）の分は表裏とも平面であるが，13号人骨の1個と14号人骨の2個は表面蒲鉾形に膨らんでいた。また，その中央の円孔は，いずれも両面から割り取ったものであり，その切れ目は14号人骨の2個を除き，他の4個はことごとく斜めに削られていた。

そして，続く第4次調査でも19体の人骨が検

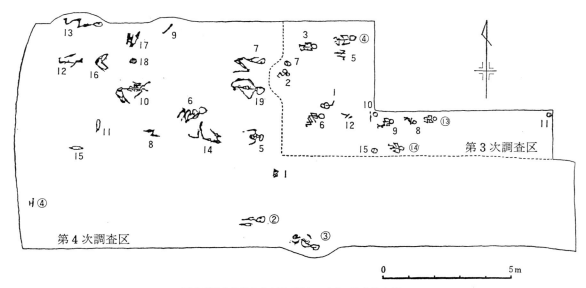

国府遺跡人骨出土分布図（○印は玦状耳飾着装人骨）

出され，その内の 3 体から耳飾が 3 対検出された。第 2 号人骨に伴ったものは凍石製，1 対とも径約 4.5cm で，左耳下にあったものは中央で両折されているため両端はさらに小孔を穿ち，これを継いで使用していたものらしい。第 3 号人骨に伴ったものは軟玉製で，顎下に位置を転じていたのは青斑色の櫛形をしており，幅・高さとも 5.1cm あった。右耳下にあったものは白色軟玉製で，幅 5.1cm，高さ約 4.5cm あった。なお，3 号人骨の胸部には完形の深鉢形土器が置かれていた。第 4 号人骨に伴ったものは，1 は径 4.2cm，1 は径 4.8cm，ともに凍石製で双方とも両折され，各々継ぎ目に小孔が穿たれていた。なお，4 号人骨は頭骸骨片が黒色土器に伴出したのみであったので，1 対の耳飾が左右どちらに着装されていたのかは不明であった。

以上が国府遺跡の耳飾出土状況であるが，このような新知見に対し，当時の学者たちはどのように対応したか？まず，京大の浜田耕作は 3 次調査出土の粗玉製 3 個は中国渡来品であろうと指摘し，内藤湖南はこの耳飾は中国では玦と称する帯飾りで，はるばる日本に舶来して，その用途が不明であったところから耳飾にしたのだろうと推定し，東大の鳥居龍蔵は同じ耳飾が関東・奥羽からも発見されることから着装者は弥生・アイヌ両民族に跨ると提唱し，喜田貞吉は古代アイヌ人が使用したものと推定した。そして，肝心の国府遺跡の 3 次・4 次調査に携った人骨担当の阪大の大串菊太郎は 3 次調査の耳飾着装人骨は女子で内 2 体は 30歳前後，しかも，その人骨の骨格身長は男で約 174cm，女で 156〜159cmとまれにみる大人の世界であったと指摘した（第 4 次調査の人骨鑑定結果は未発表）。

続き，大串はさらに国府遺跡の報告文を執筆するため，備中津雲貝塚を調査発掘し，そこでも女性人骨の右側耳部に角製玦状耳飾を 1 個検出したことにより，国府・津雲ともにいわゆるアイヌ民族の遺跡と大正 9 年論断し

た[2]。

そして，大正 11 年，京大の梅原末治はこの年までに出されていた各種の玦状耳飾をめぐる論説を総括・整理する中で，玦状耳飾使用民衆論や形式系統論を展開するとともに，後代に大きな影響を与えた初めての玦状耳飾形式編年試案を提示した[3]。その案については次章で触れることとし，今，これら大正の学者が国府遺跡の耳飾に対し研究した結果や発表したコメントを総合し，国府遺跡の耳飾と着装者の関係についてのみ筆者なりに整理してみると次のようになる。

		左耳下	右耳下	備　考
第3次調査（大正6年10月）	4号（♀）			・2個とも濃緑色の滑石製。 （関大蔵）
	13号（♀）			・左は輝石(?)製，右は粗玉製。 ・白玉伴出。 （関大蔵）
	14号（♀）			・2個とも玉製。 ・上腕骨に鼠の歯痕。 （京大蔵）
第4次調査（大正7年4月）	2号（?）			・2個とも凍石製。 ・胸上に4寸大の片麻岩1個を置く。 （京大蔵）
	3号（?）			・左は蛇紋岩(?)製，右は軟玉製。 ・完形深鉢形土器を伴出。 （関大蔵）
	4号（?）			・2個とも凍石製。 ・人骨片に伴出のため左右の特定は不可能。 （道明寺天満宮蔵）

国府遺跡の玦状耳飾一覧（梅原論文註 3）ほかより集成，一部改変）

老若男女ともに仰臥屈葬で葬られている集団墓地の中で耳飾着装者は一応中年女性と推定される。しかし、中年女性のすべてが耳飾を着装して葬られている訳ではない。また、耳飾着装者間にも耳飾の材質・形態上には優劣が認められ、それは他の臼玉とか深鉢といった副葬品の多寡の状態に一致する。だから、良質で完形で、整った形の耳飾を着装した人物は、恐らく当時の社会内においても人望があり、美人で、しかも特殊な能力を持っていた高い社会的地位の重要人物だったと推定できよう。

2 玦状耳飾の変遷と分布

梅原の編年案というのは、当時までに知られていた玦状耳飾をすべて集成した図中における平面形が長方形のものから円形のものへと上下に並べられた配列結果による。その案を踏襲し、さらに細かく形式ごとに地理的分布を探ったのが昭和8年の樋口清之の「玦状耳飾考」という論文であった。が、その形式変遷案や材質変遷案は玦状耳飾の発掘調査による出土例の増加により180度逆転する方が実際に適うと昭和39年江坂輝彌によって指摘された[4]。また、地域性についても、西村正衛や藤沢宗平・藤田富士夫らの研究により、現在ではこと細かく判明してきている。

今、それら優れた先学の業績を参考にし、500遺跡800例ほどを集成した筆者の筆者なりの玦状耳飾形式区分案とその分布状況の概略を示せば、次のようになる。

① 平面形が円形で、断面が丸く、材質は玉・大理石・蛇紋岩・良質の滑石など。九州・四国・本州に均しく分布する。

② 平面形が円形で、断面が内側に厚く外側に薄い扁平形となり、材質は玉・大理石・蛇紋岩・滑石など。九州・四国・本州・北海道に均しく分布する。

③ 平面形が円形で、断面が扁平となり、材質は蛇紋岩や滑石が多い。九州・四国・本州・北海道に均しく分布する。中でも、長野県を中心とした中部地方中央部には滑石製品が集中分布する。

④ 平面形が円形で、断面は扁平、中心孔が上方にずれ、脚部が長くなる。材質は滑石や蛇紋岩・大理石など。九州および関東以西の本州に分布する。なお、鹿児島県南部や大隅諸島には玉製のものが集中分布する。

⑤ 平面形が隅丸長方形で、断面は扁平、中心孔が上方にずれ、脚部が長くなっている。材質は泥岩・粘板岩・砂岩など。秋田県を中心に青森県を除いた東北地方に分布する。

⑥ 平面形が隅丸三角形で、断面は扁平、材質は玉・石英・滑石・砂岩など。九州・本州に疎らに分布する。

⑦ 平面形が縦長の隅丸長方形で、脚部がとくに伸長している。断面は扁平、材質は蛇紋岩・粘板岩など。九州・四国・本州に疎らに分布する。

⑧ 平面形が縦長の隅丸三角形で、脚部がとくに伸長している。断面は扁平、材質は蛇紋岩・滑石など。青森県と北海道西南部に集中分布する。

⑨ 平面形が横長の隅丸三角形で脚部がとくに伸長している。断面は扁平、材質は軟玉・蛋白石・変質水成岩など。鳥取県と島根県東部に集中分布する。

⑩ 平面形が著しく縦長の隅丸長方形で、脚部は長い。頭頂部に円孔が穿ってあり、当初から半分ずつ製作したことが明らかなものである。断面は扁平、材質は安山岩や碧玉（？）など。関東から東北地方にかけてごくわずか分布する。

⑪ 平面形が著しく縦長の隅丸三角形で、脚部は長い。頭頂部に円孔が穿ってあり、当初から半分ずつ製作したことが明らかなものである。断面は扁平、材質は蛇紋岩・頁岩・滑石など。中部地方・関東・東北地方にわずか分布する。

以上、①から⑪まで石製玦状耳飾の形式区分案と分布状況を示したが、次にその時期と他の材質の玦状耳飾の関係について概略まとめる。

まず、日本の玦状耳飾の起源であるが、現在では神奈川県新作貝塚や千葉県幸田貝塚などで①式のものが前期初頭の花積下層式に伴出しており、最古段階のものと認められる。②式は国府遺跡で北白川下層II式と、千葉県加茂遺跡で水子式と伴出しているので、前期中頃と推定できる。③式は神奈川県諸磯貝塚や東京都四枚畑貝塚で諸磯b式に伴出しているので前期後半と推定できる。関東の土製玦状耳飾について検討した西川博孝によれば、土製玦状耳飾が関東で発生するのがこの時期で、以後浮島文化圏を中心に盛用され、十三菩提式期では激減するという。また、茨城県興津貝塚や大分県川原田洞穴で検出された鹿角製の指貫形の玦状耳飾は前期後半の興津式土器に伴出しており、川原田洞穴では③式の石製玦状耳飾と伴出し

ているので，この時期のものと推定できる。④式は，鹿児島県草垣上ノ島遺跡で前期〜中期初頭の時期の土器と伴出し，長崎県下本山岩陰遺跡では，この形式の貝製（イタボガキ）のものが発見されている。⑤式は，秋田県根羽子沢遺跡で大木4・5式土器と伴出し，⑥式は宮城県長根貝塚で大木6式〜7式土器と伴出したことにより，ほぼ前期末〜中期初頭のものと推定できる。⑦式は，岩手県樺山遺跡で大木8a式土器と伴出し，⑧式は青森県石神遺跡で円筒下層式土器に伴出し，⑨式も恐らく前期末〜中期にかけてのものと推定できる。⑩式は，茨城県下広岡遺跡で，阿玉台・加曽利E1期に，同県冬木B貝塚では後期前葉〜中葉にかけての土器に伴出している。

一方，この時期の岡山県津雲貝塚や中津貝塚・愛知県吉胡貝塚などで，鹿角製の隅丸方形玦状耳飾がそれぞれ女性人骨耳部から検出されているので，一部，地域によっては，この時期にまで玦状耳飾が姿・形を変えて使用されていたことがわかる。

以上，日本の玦状耳飾についての分布・編年試案は，その他の種々の事柄を考えさせる。その内容は次章に説くところと大いに関係するのだが，基本的には縄文前期初頭突如としてわが国に出現した小さな（約10gまで）玉製の美しい耳飾は瞬く間に日本国内に広まった（①〜③式まで）。縄文前期後半になって，突然に違った材質や形式のものが各地に現われ，各々はそれぞれに巨大化し（170gを越えるものもある），発達する。縄文前期終末とともに，一部地域を除き玦状耳飾は急速に衰退し，耳栓にとって代られる（耳栓の着装者には男性もいたらしく，国府遺跡第6次調査では熟年男子の人骨耳部より1個発見されている）。その玦状耳飾の日本での流行期間は，C14年代で，およそB.P.5500年から4500年までの約1,000年間と判明している[5]。

3 外国諸例との比較検討

国府遺跡で耳飾が発見された当時は，誰もがそれを舶来のものだと信じていた。清の呉大澂編の『古玉図考』には，出土した耳飾と全く同様の図が掲載され，後漢の『説文解字』には，玦は玉佩なりとあることなどによって。

ところが，昭和40年代になって，その前年に中国の青蓮岡文化から日本の縄文前期文化に玦が伝わったとする山内清男の説が発表されるや，玦

状耳飾は日本で自生したと考える説，あるいは逆に日本から中国に玦状耳飾が伝播したと考える説などが現われた。また，渡来説の中でも，日本の玦状耳飾は中国殷代の玦が波及したものとする説なども現われ，混乱をきたしている。そこで，次に中国の玦についての検討結果の概略を示し，日本の玦状耳飾の起源の点を明らかにしたい。

中国の玦を約110遺跡1,300例ほどを集成してみると，それらは，年代・地域的にも特徴的な6形式の玦に分類されることが判明した[6]。

① 平面形が円形で，断面は古いものほど丸く，新しいものは扁平である。材質は宝石・玉・瑪瑙など。この玦は，長江下流域南部のみに集中分布し，年代は新石器時代早期から末期にかけて。C14年代では，B.P.6000年からB.P.4000年まで[7]。

② 平面形が円形で，断面は内側に厚く外側に薄い楕円形で，材質は玉・石の他蛤製が多い。この玦は，長江中流域の巫山大溪遺跡のみで発見されており，年代は新石器時代で，C14年代では，B.P.4625±300年である。

③ 平面形が円形で，断面は扁平な板状のもので，表面に虎や渦の文様の施されるのが特徴である。材質は玉・石・象牙・土・骨・煤玉・蛤など。この玦は，黄河中流域から下流域にかけて分布し，年代は新石器時代末期から戦国時代晩期まで。C14年代では，B.P.4100年からB.P.2100年まで。

④ 平面形が円形で，断面は四角形で，材質は白色軟玉・石など。この玦は，中国東北地方から黒竜江・バイカル湖畔にかけて分布し，年代はシベリアではグラスコーヴォ文化，中国では夏家店下層文化に属する。夏家店下層文化のC14年代は，B.P.3800年からB.P.3200年の間。

⑤ 平面形が円形で，断面は丸・楕円・四角・扁平など各種あり，側面に角状の耳部の作り出されているのが特徴である。この玦は，中国の南海沿岸区を中心に，台湾・フィリピン・ベトナムにかけて分布し，年代は新石器時代末期から戦国晩期まで。C14年代では，B.P.4000年からB.P.2100年まで。

⑥ 平面形が円形・横長の楕円形で，断面は扁面である。材質は玉・石・骨など。この玦は，大小大きさの異なる数枚から十数枚の耳飾を重ね合わせて使用する点が特徴で，切れ目の両端に紐穴

用の小孔が2個穿たれている。この玦は中国西南地区にのみ分布し，時代は戦国末期から前漢早期まで。C¹⁴年代では，B.P.2500年からB.P.2100年まで。

以上，①式から⑥式までの中国の玦について検討してみると，約5,000年前の日本の玦状耳飾の起源は，年代的にも地域的にも①式の江南の玦以外あり得ないことがわかる。ちなみに，その江南の玦も着装者は出土した人骨の調査によって児童から青年・中年の女性と判明している。また，日本の③式の玦に伴う指貫形の玦状耳飾も中国ではこの地域以外からは未発見であるという事実は，ますます日本の玦状耳飾の起源地とその後の影響を受け続けた地域の存在場所を明確にさせる。

また，いったいに，中国・日本とも，その歴史上，最初に玉を使用する時期が他でもないこの時期で，しかも，それが揃って女性の装身具[8]であったという点は，前代の旧石器時代と比べると明らかに新石器時代になって世の中が裕福になり，その裕福さを中国・日本の女性がともに物質的に享受したという結果なのだろう。

註

1) 西口陽一「河内国府遺跡と喜田貞吉と福原潜次郎」大阪文化誌，4—1，1980
2) 大串菊太郎「津雲貝塚及国府石器時代遺跡に対する二三の私見」民族と歴史，3—4，1920
3) 梅原末治「鳥取県下に於ける有史以前の遺跡」鳥取県史蹟勝地調査報告，1，1922
4) 江坂輝彌「装身具」日本原始美術，2，1964
5) 渡辺直経「縄文および弥生時代のC¹⁴年代」第四紀研究，5—3・4，1966
6) 黄士強「玦的研究」国立台湾大学考古人類学刊，37・38，1975
7) 夏鼐「碳-14測定年代和中国史前考古学」考古，1977—4
8) 中国では，新石器時代初期の河姆渡文化から漢代の西南地区の玦に至るまで，装身具は，玦（イヤリング）と璜（ネックレス）がセットで使用されていた。ところが，日本に玦は伝来されたが璜は採用されなかった。その取捨選択の意識は，関大の有坂隆道教授が指摘されたように，唐美人と日本の高松塚美人の相違のように，単に日本に胸をはだける習俗がその当時からなかったのか，あるいは単に日本が中国に比べ寒かったからだけなのか，今，その原因は明らかではない。

装身具にみる身分制度

県立橿原考古学研究所
亀　田　　博
（かめだ・ひろし）

冠・帽の出土は比較的少なく特異なものだが，古墳時代のそれがただちに厳密な身分標識となっていたとは考えられない

1　冠位と冠

推古天皇11年（603）12月に制定された冠位十二階は，従前の姓（カバネ）が氏につき氏の尊卑を示していたのに対して，個人につきその地位を示す。冠位十二階は朝庭での新しい身分制度を作ったもので，色をかえた冠を与え身分の標識とした。40年後の孝徳天皇大化3年（647）には新たに冠位十三階が制定され，大化4年（648）4月には推古朝の冠位がやめられている。

『日本書紀』推古天皇11年12月には冠位について次のように述べる。

大徳・小徳・大仁・小仁・大礼・小礼・大信・小信・大義・小義・大智・小智・幷せて十二階，並びに当色の絁（きぬ）を以て之を縫い，撮（と）り摠（す）べて嚢の如くし，而して縁を著く，唯元日には髻華（うず）を著く。

原田淑人氏[1]によれば，冠の形は前額から後方へなでおろされて嚢状を呈すもので，元日の儀式に加飾した髻華は大徳小徳の冠に金，大仁小仁の冠には豹尾，大礼小礼以下には鳥尾を用いた。その色は徳=紫，仁=青，礼=赤，信=黄，義=白，智=黒であった。

この冠（冠帽の形態のもの）は隋唐の中国には見られず，朝鮮古新羅，伽倻地方の出土品および日本の古墳時代の冠に類似性が認められる[2]。金元龍氏によれば[3]，三国時代の冠帽はもともとアジア大陸北方で生まれた帽子から発達したものと考えられるので，その原流は想像できる。

三昧塚冠（『日本の考古学Ⅴ』による）

古　墳　名	材質	型式	形状	装飾	文様	世紀
熊本県玉名郡菊水町江田　船山古墳1	金銅	広帯式	二方山形	槌起	点文	5
船山古墳2	金銅	広帯式			点文	5
船山古墳3	金銅	狭帯式	三方立飾	笠鋲	点文	5
佐賀県武雄市橘町　汐見古墳	金銅	狭帯式	多方立飾		刻文	6
唐津市鏡　今屋敷　島田塚古墳	金銅	広帯式			透彫	5
福岡県鞍手郡鞍手町八尋　銀冠塚古墳	銀	狭帯式	一方立飾		透彫	7
宗像郡津屋崎町　宮地嶽古墳	金銅				透彫	7
愛媛県川之江市妻島町東宮　東宮山古墳	金銅	広帯式			透彫	6
島根県出雲市上塩冶町　築山古墳	金銅	狭帯式	三方立飾		点文	6
鳥取県西伯郡会見町　諸木古墳	金銅	広帯式			透彫	6
淀江町福岡　長者平古墳	金銅	広帯式	二方山形	小玉	透彫	6
大阪府茨木市宿久庄　南塚古墳	金銅	広帯式			透彫	6
滋賀県高島郡高島町鴨　稲荷山古墳	金銅	広帯式	三方立飾	小玉	点文	6
福井県吉田郡松岡町吉野堺　二本松山古墳1	鍍銀	額飾式		槌起		5
二本松山古墳2	金銅	額飾式				5
長野県松本市浅間　桜ケ丘古墳	金銅	狭帯式	一方立飾		刻文	
群馬県前橋市山王町山王　二子山古墳	金銅	狭帯式	五方立飾		点文	6
伊勢崎市今　古城古墳	金銅	狭帯式	三方立飾			
高崎市乗附町　乗附古墳	金銅	狭帯式	五方立飾			
千葉県市原市姉崎　山王山古墳	金銅	狭帯式	四方立飾			6
茨城県行方郡玉造町沖洲　三昧塚古墳	金銅	広帯式	二方山形		透彫	5

（小林行雄「倭の五王の時代」『古墳文化論考』1976による）

　冠位十二階制定から約40年後，孝徳天皇大化3年の冠位十三階の冠は唐制に準拠したものであり，その後冠位は翌大化5年には十九階，天智3年（664）には二十六階となり，文武天皇大宝元年（701），大宝令では賜冠を停止し位記にかえた。

　このように推古朝の冠は朝鮮および日本の古墳出土の冠帽に近いものであったと考えられるが，しかし，ただちに古墳出土の冠帽が厳密な身分標識となっていたとは考えられない。

2　古墳出土の冠・帽

　冠・帽の出土例は比較的少なく装飾具の中では特異なものである。冠については小林行雄氏の「日本古墳出土金銅冠類一覧表」があり，日本出土の冠の集成がなされている[4]。それによれば18カ所の古墳から19点の金銅製冠，銀および鍍金がそれぞれ1点ずつ出土している。帽は熊本県江田船山古墳の出土品と静岡県スズミノコジョ古墳[5]，佐賀県関行丸古墳の出土品が古くから著名であり，最近，愛媛県経ヶ岡古墳から出土したことが報道された。

　冠の出土例は熊本県から茨城県に分布し，時期は5世紀から7世紀にわたるが，6世紀と考えられるものが多い。冠は，(1) 冠帯が前頭部のみおおう型式（額飾式），(2) 頭部を一周する冠帯が幅広い帯状をなすもの（広帯式），(3) 頭部を一周する冠帯の幅が狭く立飾の付くもの（狭帯式）に分類される[6]。

　額飾式の冠は福井県二本松古墳の2例があり，その立飾には点線の打ちこみや透彫の装飾がない。広帯式の冠は船山古墳などに出土例がある。船山の1例は点文打ちだし文様で亀甲繋文をかざり，つぎ目には小歩揺を付けたと考えられる細い針金が付く。下辺は水平で上辺には2ヵ所山形の高まりがある。茨城県三昧塚の例は下辺は水平で，上辺に2ヵ所山形の高まりのある冠帯の全面に透彫と線彫を施し歩揺を取り付け，その前面には飾板2枚を取り付ける。上縁には7個の蓮華文と8個の馬形が鋲留されている。

　狭帯式は細い真直ぐな冠帯に立飾が付く。群馬県二子山古墳の冠は山字形を4個重ね，その先端

57

が宝珠形になった立飾を5個付けていたと考えられ，立飾には歩揺が付く。福岡県銀冠塚の冠は銀製で，三角形の立飾の先端には花文と宝珠状の火焔形をかざる。冠帯には組紐文を透彫し，立飾には忍冬唐草文を透彫にする。長野県桜ヶ丘古墳の冠は3本の立飾をもつが，歩揺などの飾りを付けない簡素なものである。

　帽の出土例は少ない。江田船山古墳の帽は冠を内冠と外冠に分離するなら内冠に相当するもので，全面に退化した竜文を透彫にし，背後には房を取り付ける半球状の受鉢が蛇行する柄に付けられる。スズミノコジョ古墳の帽は慶州金鈴塚出土白樺皮製のものに類似している。鍔の部分の断片で，金銅薄板に忍冬文を透彫し，縁には7個の鈴が付けられていた。

　冠・帽は朝鮮の新羅・伽耶地方からもたらされたと考えられるが，冠・帽の出土した古墳からは他にも半島系の遺物が共伴している。船山古墳では金銅製沓，垂飾付耳飾，島田塚・三昧塚・稲荷山では垂飾付耳飾が共伴し，稲荷山ではさらに腰飾が共伴している。

3　冠と身分

　金・金銅装身具がよくそろって出土したのは船山古墳で，冠，耳飾，帯金具，沓がある。これらの装身具は三国時代新羅の王陵と考えられる天馬塚，金冠塚，金鈴塚，瑞鳳塚，皇南洞第98号墳などにみられるように，三国時代，王級の地位にあった人々のものに共通するが，このような装身具を着用していたのは王級の人々に限られていたわけではなく，古墳の規模の小さい慶尚北道大邱市内唐洞旧達西面55号墳などでも冠，耳飾，鉈帯，沓の一式がそろって出土している。王陵級のものとはその材質や形に差があったものと考えられる[7]。船山古墳からは著名な銀象嵌の銘をもつ大刀が出土していて一般的には次のように読まれている。

　治天下獲□□□鹵大王世，奉典曹
（利）
　人名无□旦。八月中，用大鐃釜并四尺廷
　刀八十練六十□三寸上好□刀。服此
　刀者長寿子孫注々得三恩也。不
　失其所統作刀者名伊太□，書者
　張安也。

　直木孝次郎氏[8]は銘文から无利旦の政治的地位について，「治天下獲□□□鹵大王世」とあるの

で雄略朝に任えていたこと，「奉典曹人」とあることから典曹人の職をもって任えていたこと，「子孫（中略）不失其所統」とあることから雄略に従属しながらも地域を支配する小君主であったとされている。

　埼玉県行田市稲荷山の金象嵌銘鉄剣の持主，乎獲居臣は世々杖刀人の首の職をもって雄略朝に任え，一方では地方に根拠をもつ豪族と考えられ，その立場は船山古墳大刀銘の无利旦に似る。典曹人，杖刀人の「人」について，直木孝次郎氏は6世紀代を中心に倉人・宍人・酒人・文人など「人」の称をもった下級官人的な実務担当者が出現し，ヤマト朝廷の庶務を処理したことを述べられた[9]が，この典曹人，杖刀人は「人制」の先駆形態と考えられ，ヤマト政権は5世紀後半には幼稚ながらも官職制を採用していたと考えられた[10]。

　5世紀後半に活躍した船山古墳大刀銘の典曹人は財政に関する官人と考えられ，これには冠をはじめとする金銅の装身具がほぼ完備し，一方，埼玉県稲荷山鉄剣銘の杖刀人は武人と考えられるが，これには装身具は少なく竜文透彫の帯金具が注目されるのみである。

　大化以前，6世紀代の朝庭には財政を司る機関としては倉と大蔵があり，蘇我氏や渡来人の有力者であった秦氏，大和盆地の一隅に勢力をもった春日，当麻，忍海などの氏族がそれに関与していた[11]。これらの氏族名から考えられるように，ヤマト朝廷の財政の実務に関与したのは渡来人およびそれに深いつながりをもつ人々であった。船山古墳出土大刀銘には典曹人として仕えたとあり，船山古墳の被葬者もそうであった可能性が強い。金銅装身具を身に付けた船山古墳の被葬者の地位は地方に根拠をもつ豪族で，職をもって雄略朝に仕えた点で稲荷山古墳被葬者と共通するが，前者は文人的に渡来人とかかわりをもって，後者は武的人に任え，それが装身具に反映したと考えられる。

　船山古墳と同じように冠などの装身具を出土した古墳の被葬者の身分については他の副葬品，古墳規模，古墳位置などから類推するより他はないが，冠が出土した5，6世紀の古墳の多くはその地域では規模の大きい前方後円墳であり，被葬者は船山古墳と同様な地位にあったと考えられるが，しかし愛媛県東宮山古墳のように径14mの円墳もあり必ずしも限定できない。

4 銙帯と官位

　大宝令では推古朝以来の賜冠を停止し位記をもってこれにかえ，冠が身分の標識ではなくなった。しかし後の養老令衣服令の規定にみえるとおり，衣服などにより官位は識別されている。

　ここでは出土遺物として北海道・沖縄を除くほぼ日本全国から発見されている銙帯と官位についてふれたい。日本で銙帯が出土した遺跡や古墳の数は 90 を超え，巡方，丸鞆など部位の出土数は 330 点になる[12]。日本全国に律令官人やそれに準ずる人は分布していたからそれは当然と言えるのであろうが，着装していた人の身分を規定する点で注目すべき遺物である。

　銙帯は革帯の上に銙と呼ぶ金属製の板を取り付けたもので，革帯・鉸具，巡方・丸鞆・鉈尾からなる。出土した鉸具・巡方・丸鞆・鉈尾は大半が鋳銅製で，表面に黒漆を塗っている。銀製，渡銀製，金銅製，白銅製のものも比較的数は少ないが，出土している。

　大宝令朝服条の帯は『令集解』古記により「綺帯（かむはたのおび）」と呼ぶ布製の帯であったと考えられ[13]，朝服に革帯が用いられたのは養老令からであった。養老令以前，『日本書紀』天武5年（676）条には「高市皇子以下，小錦以上大夫等に衣袴，褶，腰帯を賜ふ」とあり，『扶桑略記』には慶雲4年（707）に天下に始めて革帯を用うとあり，銙帯が用いられていた。

　『続日本紀』和銅5年（712）5月5日の条には「六位已下は白銅及銀をもって革帯を飾ることを禁ず」とあり，銙の材質による身分規制があったことが伺われる。白銅の銙は埼玉県六反田遺跡で出土している[14]。ゆがんだ方形の巡方で，堅穴住居址の床面から出土したものである。材質から考えれば，五位已上の者が着装したものと考えられるが，遺跡のさまざまな条件や巡方の形を考慮すればそう考えるのは若干無理がある。銀の革帯は大阪府伽山遺跡の墳墓から出土している[15]。純度 98% の銀製で，鉸具1個，巡方4個，丸鞆6個，鉈尾1個からなり，鋳出した足金具で裏金具をかしめ止めるもので，鉸具はC字形の外枠をもち軸棒と刺金をつける。この丸鞆の形は，養老令で規定されたと考えられる丸鞆に対して，下半部のつぼみがなく，上部の丸味が少ない。おそらく古い形で，これが先述の『続日本紀』和銅5年の条にみえる銙帯と考えられ，伽山の墳墓の被葬者が五位已上であったことは誤りないであろう。

　養老令衣服令では腰帯について次のように規定している。まず金銀装の腰帯は1品以下5位以上の朝服，衛府督佐の武官の礼服。烏油（くろつくり）腰帯は六位以下の朝服，無位の制服，志以上の武官朝服。

　金銀装腰帯は『令集解』に「或云，金銀二用者，任⌐五位以上之意⌐耳，在レ穴」とある。これによれば，金と銀の銙帯があり自由に撰ぶことができるようである。しかし「金銀装」という名称は大刀などにも見られ，これを金と銀にわけるのは無理があろう。

　出土例を見ると金銅製，銀渡金のものがある。金銅製のものは三重県甍遺跡[16]，石川県寺家遺跡，群馬県陣場遺跡[17]，群馬県芳賀東部団地遺跡，埼玉県若葉台遺跡，岐阜県美濃国分寺，奈良県平城宮跡[18]などから出土している。他に金鍍金のものは宮城県鳥矢崎古墳[19]，銀渡金のものは京都府長岡京跡から出土している。

　これら金銅製および金鍍金の銙帯は養老令衣服令の金銀装腰帯にあて1品以下5位以上および衛府督・佐のものとするが，しかし，これには若干問題がある。古代の文献では金銀装と金銅装を使いわけているが，出土した銙はすべて金銅装であり，いわゆる金銀装ではない点である。金銀装と確実に言えるものは現在，出土していないからいわゆる金銀装がこれにあたるものかも知れないが，『大安寺資材帳』などの文献には楽の装束として金作帯などがあり，出土した金銅製の銙帯は

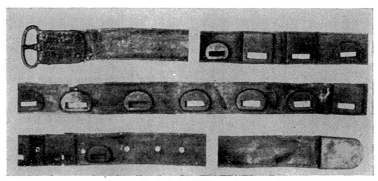

正倉院の銙帯（『奈良朝服飾の研究』による）

養老令衣服令の金銀装腰帯以外のものの可能性もある。さらに、先述の贄遺跡の金銅製の銙帯はいずれも裏金具であり、また長岡京跡の銀渡金の3点の銙帯も裏金具であり表は別の材質によったと考えられ、山口県ジーコンボ16号墳では石銙の裏金具として金銅製品が出土している。

現在のところ養老令衣服令にある金銀装腰帯については実体に不明な点が多い。

烏油腰帯に該当するものは正倉院に奈良時代のものが伝えられているほか、北は岩手県上太田蝦森塚古墳から出土し、南は鹿児島県新富地下横穴から出土している。当時、律令官人の居た、ほぼ全域で出土している。出土量の最も多いのは平城宮跡で、これが奈良時代律令官人のものであったことを示している。ただし、正倉院の銙帯はいずれも楽の装束用のものであり、銙帯のすべてがいわゆる律令官人の服装に伴うものではない。

烏油腰帯に相当するものは鋳銅製で、表面に黒漆をかけたものであり、この銙帯は官衙、墳墓、住居址などから出土している。烏油腰帯は先述のように養老令衣服令では六位己下の朝服、無位の制服、志以上の武官の朝服に用いられたものであり、その利用は限定されていたはずであり、出土する銙帯もその範疇内にあった。

この銙帯は延暦15年（796）に鋳銭を支えるために一時、禁止されているから、時期的にも限定される。

出土した銙に大きさのちがいがあり、位階に応じた差異の存在することを最初に指摘されたのは伊藤玄三氏[20]であった。その後、佐藤輿治氏[21]、松本・関谷氏[22]、阿部義平氏[23]の研究がそれぞれ独自に発表されている。官位と銙の大きさが整合するという点はそれぞれに共通している。六位己下には少初位下から正六位上まで16段階、それに無位を加えれば17段階が存在する。巡方の縦幅をみれば最大のものは3.9cmであり、最小のものは1.7cmで、その差2.2cmは確かに大きい。巡方の縦幅に限ってみれば松本・関谷氏は六位から初位を4段階にわけ、1.5cm～2.4cmまで1分ごとの差があるとされ、阿部氏は8段階にわけ1.8cm～3.9cmまで3mmごとの差があるとされ、佐藤氏は六位から無位まで6段階にわけ、1.7cm～3.9cmまで3mm～6mmの差があるとされている。

最近、巡方の大きさがわかればその官位が判明

すると考え、出土した銙について、各氏の研究を利用されることが多いが、個々の出土状況や出土量、大きさの差異などを検討すれば官位と大きさは必ずしもうまく合わない。銙帯の大きさと官位の問題はさらに検討が必要であろう。

註

1) 原田淑人「冠位の形態から観た飛鳥文化の性格」東亜古文化論考，1966
2) 註1）と同じ
3) 金元龍「新羅金冠の系統」趙明基博士華甲記念論叢，1965
4) 小林行雄「倭の五王の時代」古墳文化論考，1976
5) 梅原末治『慶州金鈴塚・飾履塚—大正13年古蹟調査報告—』（1973 復刊）
6) 註4）参照
7) 小野山節「帯金具から冠へ」古代史発堀，6，1975
8) 直木孝次郎「古代史のなかの船山古墳」江田船山古墳，1980
9) 直木孝次郎「人制の研究」日本古代国家の構造，1958
10) 註8）と同じ
11) 註9）と同じ
12) 亀田　博「銙帯と石帯」関西大学考古学研究室開設30周年記念『考古学論叢』1983
13) 関根真隆『奈良朝服飾の研究』1974
14) 大里郡岡部町六反田遺跡調査会『六反田』1981
15) 大阪府教育委員会『伽山遺跡発掘調査概要・Ⅱ』1982
16) 鳥羽市教育委員会『鳥羽贄遺跡』1975
17) 群馬県教育委員会『清里・陣場』1981
18) 奈良県『奈良県史跡名勝天然紀念物調査報告第12冊』1924
19) 東北学院大学「鳥矢崎古墳発掘調査概報」温古，7，1971
20) 伊藤玄三「末期古墳の年代について」古代学，14—3・4，1968
21) 佐藤輿治ほか『平城宮発掘調査報告書Ⅵ』奈良国立文化財研究所学報，23，1975
22) 註16）と同じ
23) 阿部義平「銙帯と官位制について」東北考古学の諸問題，1976

特集●装身の考古学

身体の変工

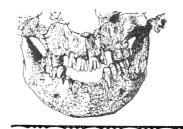

身体変工の一形式として世界的なひろがりをもつ抜歯習俗と入墨習俗について，民族例を援用しつつ，その原理に迫ってみる

抜歯習俗の成立／入墨の意義と性格

抜歯習俗の成立

国立歴史民俗博物館
春成秀爾
（はるなり・ひでじ）

抜歯は乳歯の脱落の模倣から始まり，婚姻儀礼や成年式さらに親・配偶者の葬送儀礼の際に行なわれるようになった

　抜歯習俗，すなわち人の健康な歯を一定の理由にもとづいて抜去する習俗は，時代を問わなければ，世界的なひろがりをもつ，身体変工の形式としてはもっともポピュラーな一つである。

　日本の抜歯様式の分析結果とその解釈については，私はすでに何回か述べているので[1]，今回は眼を少し世界にひろげて，抜歯の機会，起源など一般的な問題についての諸説を検討したうえでその原理について試考し，日本の抜歯習俗の機能に関する私見の周囲を少しばかり固めておきたく思う。

1　抜歯の機会

　過去─現在の世界の抜歯習俗の理由を，その習俗を保持する人たちに聞くと，実にさまざまの答がかえってくる。例えば，20世紀の今日まで抜歯の習俗をもっていた台湾原住民の間では，抜歯の起源について，犬歯が獣類のように唇外に突出するのを醜いとして（ヴヌン族，ツオウ族），逃亡した犯罪者とを識別するため（ツオウ族），成年の表示のため（タイヤル族），言葉の発音のため（ヴヌン族），談笑の際，朱舌が歯間に隠見して愛嬌が増すように（タイヤル族，ツオウ族），「生殖に関する或る種の目的」のためなどの口碑をもっている[2]。しかし実際には，6, 7歳から17, 8歳の間に男女ともに側切歯・犬歯を抜いており，愛嬌や口姪のためというのはこじつけもいいところである。言語の正確な発音のためというのも，成年男女が皆抜歯していたことによって，発音が二次的に変化し，それが定着しただけのことである。

　したがって，当事者たちのいう抜歯の理由が，本来のそれであったという保証はないし，極端なばあいは抜歯された人物が，その理由を知らないかもしれないのである。実は，こうした事例は，今日の私たちの周囲にもいくらでもみられることである。

　金関丈夫氏は，抜歯風習の起源について，「当事者がこれをいかに説明しているかは，いっこう当てにならない。それがいかなる折に行なわれるかに，解決の緒を求むべきである」，と喝破し，「大別して，抜歯には近親者の死に際して服喪の一形式として行なわれるものと，男女の成年式の一行事，あるいは結果的に見て一種の試練として行なわれるものとの，二つの場合がある」，と整理する。そして，「前者はポリネシアを中心」とし，「オーストラリア，メラネシア，インドネシア，中国，日本，東部シベリア，アリューシャンからアメリカ大陸にわたる環太平洋諸地域のものは，多くは後者の場合である。この場合は，一生一度の行事だが，前者の場合では，何度も経験し

なければならない」という[3]。

　これは，抜歯についてもっとも簡にして要を得た解説であるが，筆者は，金関氏がなぜか百も承知していながらここで落された抜歯の機会を，もう一つ付け加えておきたい。それは，台湾の古い時代の抜歯に関する記事である。

　『太平御覧』巻第368所引の『臨海水土志』（沈瑩，呉代＝3世紀後半）によると，「夷州の俗，女はすでに嫁げば，皆な前上の一歯を欠去す」という。呉代の夷州とは台湾を指しているが，ここには既婚女性のみが抜歯の対象とされ，成年式とも服喪とも異なる抜歯の機会が示されている。

　ところが，より後代に記された『裨海紀遊』（郁永河，1697年）には，「女は愛する所の者を択べば，乃ち与に手を挽く，手を挽くとは，以て私かに許すの意を明かにする也，明日，女は其の父母に告げ，手を挽きし少年を召いて至らしめ，上顎の門歯二歯を鑿ちて女に授く，女も亦た二歯を鑿ちて男に付し，某日を期して，婦室に就きて婚す，終身婦に依って以て処る」とある。さらに『台海使槎録』（黄叔璥，1721年）によると「哆囉嘓社は，婚を成す後，男女倶に上歯各おの二を折去し，彼此謹しみて蔵す，以て終身易らざるを矢うなり」といい，『番社図考』（満人六十七，18世紀中葉）にも，「番俗に，男女婚を成すを牽手と曰う，……男女各おの二歯を折って以て相い遺る。痛癢相い関わるの意を取るなり」とある[4]。

　すなわち，ここには婚姻儀礼の一環として抜歯が男女ともに施されることがみえるのである。

　その一方，台湾石器時代の人骨としては，恒春の墾丁寮遺跡出土の成年男性9例，女性2例にはいずれも上顎左右の側切歯・犬歯計4本の抜去が認められた（抜歯状態を検査しうる12個体のうち女性1例だけが無抜歯であった）[5]。その年代は，三島格氏の教示によれば，同遺跡の一角から出土した炭化物の^{14}C年代は4,000年前前後を示しており，抜歯人骨の時期もその頃の可能性があるという。そうであれば，『臨海水土志』よりもはるかに古いことになり，これが婚姻抜歯の存在を証明する材料であるとも，ただちにはいえないことになろう。

　そうであっても，台湾の抜歯習俗に関する古い記録から，筆者は，抜歯は成年・婚姻・葬送（とくに親・配偶者）の儀礼の一環として実施されることが多かったと考えたい。いうまでもなく，これらの儀礼を経ることによって初めて，個人の社会的位置は大きく変動するのであって，これら三つの儀礼は人の生涯において，もっとも大きな折り目となるのである。おそらく当事者のいう理由は，時とともに転変することはあったとしても，抜歯の機会はそう変化するものではなかったであろう。

　しかしながら，昨今の世界の民族例においては，抜去の本数が多いばあいでも，抜歯の理由は単一であるのが普通である。例えば，最多8本を抜いている15—18世紀のハワイ諸島のばあいも，抜歯は「一種の喪章であって，近親に不幸がある度毎に一本の門歯を抜く。之は不幸に際して極度の悲しみを表現する為」であるという[6]。

　また，中国貴州省の犵獠のばあいは，『谿蛮叢笑』（朱輔，宋）に「犵獠妻女，年十五六，敲去右辺上一歯」，『貴州全省諸苗図説』（王潔亭，清，1780年）にも「女子将嫁，必先打去門牙二歯，恐妨害夫家」とあり，成女式の機会または結婚直前に抜歯されているようであるが，『炎徼紀聞』（田汝成，明）には「父母死，則子婦各折其二歯，投之棺中，以贈永訣也」とあり，葬送儀礼のなかで抜歯されている[7]。ここでも，時代の流れとともに理由が変ってしまったのか，または集団によって理由が異なったのか，どちらかのばあいが示されているだけであって，一生のうちに別々の理由で何回か

図1　中国・打牙犵獠の抜歯の図説
（寺門・佐原・喜谷『骨の日本史展』1971 写真）

抜歯しているわけではない。

ただし，ボルネオのムラング族のように，「小児の時，一人の子を得た時，四人の子持ちになった時」抜くという報告例もある[8]。このばあいは，初回は一種の成年式の時ではないとはいえないとしても，2回目，3回目は婚姻とは直結しない。しかしながら，おそらく別個の理由によって生涯のうちに数回にわたって抜歯している貴重な例といえよう。

さて，西日本の縄文晩期は世界的にみても抜歯習俗の発達の極相を示しているが，それは現象的には，成年の抜歯率が100％に近いこと，抜歯の範囲は中切歯から第一小臼歯まで及んでいること，抜歯の本数が6本をこえる者が半数以上を占めていること（最多は岡山県津雲遺跡出土の14本）にあらわれている。これだけの本数の歯を一度に抜くことはありえないし，事実，縄文時代例もハワイ例も，最少から最多本数にいたるまでの諸段階の抜歯状態が知られている。したがって，問題は，縄文時代の多本数抜歯を機会は何回か考えるとしても単一の理由で説明しつくそうと努力するか，それともいくつかの機会とそれにふさわしいいくつかの理由を考えるかである。もちろん，前者のばあいでも，金関氏のように「恐るべき祖霊は，死の直後のみならず，子孫の一生の重要な行事には必ず出張してくる」，「服喪に際して抜歯するのも，成年式に抜歯するのも，ひとしく死霊に対して身をかくすカムフラージュである」という説明のように抜歯理由の「根元」を追究する方向もある[9]。

しかし，縄文・弥生時代の各時期・各地方にわたる豊富できわめて良好な資料に恵まれている私たちは，まず考古学的手続きを踏んで，抜歯の機会を確定するところから出発し，そこから直接的に派生する諸問題にとりくみ，しかるのちに抜歯の根元的理由を推測するという方針をとりたい。

2 抜歯の起源

金関丈夫氏が抜歯理由の根元を単一であると想定した背後には，抜歯習俗の一元起源論的な立場があった。筆者も拙論に対して，「これだけ広く世界にひろがったものですが，その地域地域で独特の原因があったとは考えられませんので，一つの地域だけできめるのは危いのではないかと思います」という批評を先生から手紙でもらったこと

がある。

たしかに，喰むという重要な機能をもつ器官の一部を故意に喪失させ，それに意味をもたせるという発想は特異であるし，抜歯の機会も限られているとしても，しかしそれだけでは抜歯の多元発生を否定することにはなるまい。

山内清男氏が1937年に発表した日本の抜歯様式の編年の大綱[10]は，今日においても修正の必要の少ないすぐれたものであるが，氏はこの論文の末尾に，「如上の結果は抜歯風習が縄紋式に於いて生じたこと即ち自生説に傾くのである。縄紋式の各時期に外からの影響は極めて少なかったらしく，特にこの風習が稀有の例外を為すとは考えられない。長谷部博士がもと説かれた如く，上顎第二門歯，下顎第一門歯は欠失し易い歯であって，その模倣の結果抜歯施行が起ったと解してもよい」と述べ，縄文文化の抜歯習俗は日本で発生したという立場を表明している。

これは，山内氏らによって当時すでに大綱ができあがっていた縄文土器の編年学的研究成果を無視した，例えば小金井良精氏の，「大凡民族の風習といふものは文化の高い方からその低い方へ及ぼすのが通則である。然らばこの場合に於てはアイノ式遺跡種族よりも弥生式遺跡種族の方が文化が進んで居たからして，後者にその本原があつて二次的に前者に移行したのであらう」とし，弥生人が「南方から流着したところのマレイ人種の一派であらう」という主張[11]に対する反論も兼ねていた。

山内氏がこの考説を発表した時点では，中国大陸では新石器時代に属する確実な抜歯例は未報告であった。ところが，戦後，まず金関丈夫氏によって龍山文化期から殷代に上顎側切歯抜去習俗が存在する事実が指摘され[12]，さらに新中国になってから山東省大汶口遺跡発掘例を嚆矢として多量の抜歯資料が報告されるようになり，日本の周囲の状況は一変してしまった。晩年の山内氏は，縄文前期の玦状耳飾の起源を青蓮崗文化に求めるなど，縄文文化の中に中国大陸の文化要素を見出すことに意欲的であったから，もし中国の抜歯資料を知っていたならば，あるいは縄文文化の抜歯習俗の少なくとも一部は中国と関係ありと判定したかもしれない。

それはともかく，山内氏の説を承けた渡辺誠氏も，縄文時代の抜歯自生説の立場をとる。氏は，」

山内氏の論攷以降に出土した抜歯・無抜歯人骨を集成し，側切歯抜去を最古の抜歯様式とみなし，それが最初に現われるのは仙台湾周辺のみであり，その後，関東地方へ伝わり，大陸にもっとも近い九州の抜歯例はそれより時期的にはるかにくだるうえに，次の様式へ遷移していることを述べ，「東日本からの伝播は認められるが大陸からのそれは認められない」とする。そして，縄文中期末に側切歯抜去様式が出現する仙台湾周辺で，「漁撈活動においてもマダイ・カツオ・マグロを対象とする釣漁法・銛漁法が飛躍的に発達して外湾性漁撈形態が確立された」ことを論じ，抜歯習俗自生の経済的基盤と考える[13]。

しかし，氏の所論にはいくつか問題がある。その一つは，当初は認めていた[14]熊本県轟，広島県太田遺跡で確認された縄文前・中期の下顎中切歯2本を抜去する様式を抹消してしまったことである。筆者は，側切歯抜去様式が最初に出現し，しかも抜歯率が90%をこえるようになった地域が仙台湾周辺であったことは認める[15]。だが，現実に縄文前・中期の抜歯様式が確認されている以上，やはりその事実を包容しうる自生説の構築が必要である，と考えるのである。

その二は，「外湾性漁撈形態の確立」を指摘しえたとしても，当然のことながらそれだけでは抜歯習俗の発生理由を説明したことにはならないことである。抜歯とそれを生みだした経済的基盤との不可分な関係を解明しないかぎり自生説も論としてははなはだ不完全なものに終わらざるを得ない。氏が縄文晩期の抜歯を，成人式との関連で説明しつくそうとしながら，発生時の抜歯の意味については何ら説明を与えていないのも致命的である。抜歯の縄文文化起源説も現状では事実に追従して提出された段階にとどまっているといわなければならないのである。

日本列島における抜歯自生説をとる際，議論をしておくべきは，中国大陸の状況であろう。中国大陸の抜歯習俗については，最近急速に解明されつつあり，すでに総括的な論文もいくつか発表されている[16]。

出現の時期は，大汶口文化早期（約6,000年前）で，中期（5,000年前）までは盛んであるが，晩期（約4,000年前）にはもはや大幅に衰退している。地域的には，黄河下流域と揚子江下流域の間の山東・蘇北の大汶口（青蓮崗）文化圏で発祥し，その後，江漢地区の屈家嶺文化や江蘇地区の馬家浜文化，さらには華南地方の浙江・福建・広東から珠江流域へ伝わり，その過程で台湾へも殷代早期を下らない時期にもたらされた，と推定されている。抜歯の様式は，上顎左右の側切歯を抜く型式が全体の90%までを占めており，斉一性がつよい。もちろん男女間で型式差は認められない。ただ，大汶口晩期～龍山期に属する山東省三里河遺跡だけからは，上顎の中切歯2本例，中・側切歯4本例（以上男性のみ）のほか，上顎側切歯2本と下顎中切歯2本の例，上顎中・側切歯2本と下顎中・側切歯4本の例（以上女性のみ）が検出されており，系統を異にする様式として注目される。

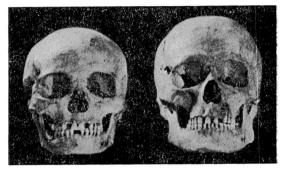

図2　中国・大汶口遺跡の上顎左右側切歯抜去例
（左：57号墓女性　右：9号墓男性）（山東省文物管理処・済南市博物館編『大汶口』写真）

韓康信・潘其風の両氏は中国新石器時代の「抜歯の本来の意義は氏族成員の婚姻資格の獲得，または成人に達したことを示す一つの標識と見ているが，原初的に両者は同一であった」と考える。そして，山東省王因遺跡で確認された二次葬の人骨は，婚出した人物が死後に出生氏族のもとに還されたものとみなし，その大多数が男性であったことから，中国の抜歯習俗は男性の族外婚の盛行と密接な関連をもっており，「母系的氏族社会」の所産である，と結論づける。しかし，これだけではさきの抜歯理由としては説明不足である。このあと社会が父系制へ移行したと臆測しても，それによって「婚姻資格の獲得」なり，そのための抜歯儀礼が不要となった，とはただちにはいえないからである。また，抜歯を「婚姻資格の獲得を示す標識」とすれば，その最盛期にあっても，施行率は64%～94%の間で多くは70%台にとどまるというのも問題である。

両氏が，中国の抜歯を「ただ婚姻資格の承認だけの表示」と考えた根拠は，観察できた抜歯個体

の最少年齢が 14—15 歳であったこと，抜歯頭蓋452 例のうち 402 例までが抜去歯種は上顎左右の側切歯であって，性別や族種を示していなかったことである。

しかしこれだけの根拠では婚姻抜歯ではなかったとまではいいきれまい。大林太良氏は，「成人式は決して世界中どこにでもあったというわけではない」ことを指摘したうえで，「成人式は，いったいなにをもってその若者が一人前とみなされるかということと関係しており，その意味においては，成人式は結婚式とライバルの関係にあり，結婚式が重要視される社会では成人式は不振である傾向がみられる」[17] という。ここには，当該社会が成年式と婚姻儀礼のどちらかを重くみていたかという重大な問題が横たわっているのである。ことここに至ると，中国にせよ日本にせよ，抜歯を成年式の際に行なった，とあまりにも安易に決めてきたことを反省させられるのである。

しかし，成年に達してから結婚するまでの期間は一般に短いだけに，例えば 15 歳の抜歯例を成年抜歯とするか婚姻抜歯とするか，と問われたばあいその推断は容易ではない。中国の抜歯に関してはまず，側切歯の抜去が左右同時なのか，それとも一定の時差をもっていたのか，の検査が必要であるが，いずれにせよ抜歯資料そのものの分析はいうまでもなく，その存在状況すなわち抜歯遺体と直接・間接に関連をもつ諸資料とのつき合わせ作業が必要である。

3 抜歯の原理

ここで，各地の古い抜歯様式についてみたい。

シベリア最古の抜歯例は，イルクーツク地方の新石器時代に属する男性骨5体に認められた上顎中切歯2本の抜去である。これに次ぐ「金石併用期」のゴルニ=アルタイ地方のオイロツカイ発見の男性1体も同型式，女性1体は上顎左中切歯の抜去であった[18]。

タイ最古のバンカオ発掘抜歯例は，中国と同様，上顎左右側切歯の抜去である。

パレスチナ最古のワド洞穴出土抜歯例は中石器時代ナトゥーフ文化に属し上顎中切歯1～2本抜去である。

アフリカでは，アルジェリアのアファルー=ブー=ルンメル岩陰，モロッコのタホラルト遺跡など中石器時代の抜歯は，上顎中切歯を主体に，時

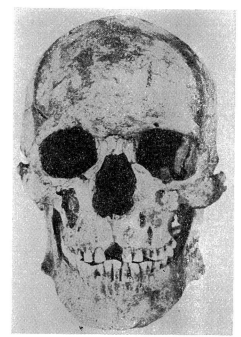

図3 アルジェリア・アファルー=ブー=ルンメル遺跡 13号女性の上顎中切歯抜去例（Briggs 1955 写真）

には上顎全切歯を抜去し，同じく中石器時代のアルジェリアのメシュタ=エル=アルビ遺跡の抜歯例は上記の抜歯にさらに下顎の中切歯2本または全切歯の抜去を加えている[19]。

イギリスではガリーヒルの新石器例1体が下顎中切歯2本，ドッグホールズ洞穴とパーシ=クワルー洞穴出土の各1例には上顎中切歯2本抜去があり，フランス新石器時代後期のアレー=クヴェルト=ドゥ=ヴォーデンクール出土の1例は下顎中切歯2本抜去であった。

そして，日本では後期旧石器人と主張されている沖縄県港川の1例[20]が，やはり下顎中切歯2本抜去であり，縄文前・中期例と同様式であった。

こうしてみると，世界の抜歯の最古様式は，上顎または下顎の中切歯あるいは両者の組み合わせ例がほとんどで共通していることがわかる。これは一つには，中切歯は最前部に位置しているから抜去しやすかったせいもあろう。しかし，それだけの理由ではなく次のようなことがあったのではないか，と私は臆測している。

それは，人の乳歯の脱落が下顎中切歯2本に始まり，次いで上顎中切歯2本へと移ることと関連があるのではないかということである。乳歯が脱落し，永久歯が生え始める年齢は現代日本人のば

65

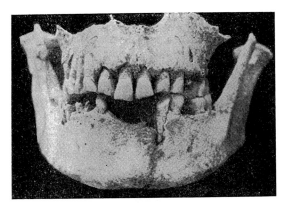

図 4　千葉県宮本台遺跡106号男性の下顎中切歯 2本・右側切歯抜去例（縄文後期）

あいで，下顎中切歯が6歳，上顎中切歯と下顎側切歯が7歳，上顎側切歯が8歳というのが平均的なところであるが[21]，いうまでもなくこの時期は幼児から少年への移行期である。ここから，乳歯の脱落と幼児期の終了は同一視されることになる。縄文・弥生時代の埋葬遺体を年齢別に分類して驚かされるのは幼児の死亡率の高さであって，50%前後を占めているばあいが少なくない。だから，幼児の壁を突破することは，成年に到達するまでの第一の関門であったと思われる。こうしてみると，生涯のうちでの最初の重要な折り目に歯が「自然的に」抜去されて次の階梯へ進むというモチーフが浮んでくる。すなわち，ここにおいて初めて歯の脱落と人生儀礼とが結合する契機を与えられることになる。こうして，社会がある段階に達すると，人生の重大時にはそれが永久歯であろうとも人工的に抜去し脱落させるという発想がでてくるのは比較的容易であったろう。このように，抜歯は多くのばあい初源的には乳歯の脱落順序を模倣し中切歯を抜去する形態から始まり，ある社会では成年式と，ある社会では婚姻儀礼と，ある社会では親族の葬送儀礼と結びつき，時としては同時にいくつかの儀礼と複合し，習俗として定着していった。したがって，抜歯の習俗は地域と時間をこえて多元的に発生しえたのである[22]。

その意味においては，縄文前・中期の下顎中切歯抜去様式と縄文中期末の仙台湾周辺に登場する上顎側切歯抜去様式とは無関係であった，と考えても差しつかえない。ただ，前者の例はあまりにも少なく，抜去の機会については想像することさえ許さない。後者になって初めて可能となるのである。それを婚姻儀礼の一部と推論し，後期中葉〜後葉に成年式時にも抜歯が行なわれるようになり，さらに晩期にいたって親および配偶者の葬送儀礼時の抜歯が追加されるとする私見は，別稿で述べたところである。

なお，蛇足ながら，抜歯と装身との関係について一言ふれておかなければならない。「装身は着用者の社会的位置を示す代表的な表示物である」といわれる[23]。抜歯を行なうとその痕跡は明瞭でしかも長期にわたってのこるから，視覚に訴えるという点ではきわめて効果的な装身手段であるが，それの果たす客観的な（無意識の）役割と当人たちが考える目的とは，別のばあいがしばしば存在することを考慮しておかなければならない。例えば，ムラング族のばあい[24]も成年式のなかで一種の試練として抜歯儀礼は重要な役割を演じているが，それが済んでしまえばそれまでのことであって，割礼などと同様，実施したことに意味があり「身を装う」といった字義どおりの意味はないのである。縄文時代の抜歯についても，抜去歯種のちがいによって今なお身内と婚入者とを識別しうるとしても，かかる観点からの検討も必要である，と私は考えている。

註
1) 春成秀爾「抜歯の意義」考古学研究，20—2・3，1973・74。同「縄文晩期の婚後居住規定」岡山大学法文学部学術紀要，40（史学篇），1979。同「縄文中・後期の抜歯儀礼と居住規定」鏡山猛先生古稀記念古文化論攷，1980。同「縄文社会論」縄文文化の研究，8，雄山閣，1982。同「抜歯」日本歴史地図，原始・古代編，上，柏書房，1982。同「抜歯」考古遺跡・遺物地名表，柏書房，1983。同「縄文時代の婚姻形態」家族史研究，7，大月書店，1983 など
2) 鈴木作太郎『台湾の蕃族研究』台湾史籍刊行会，1932
　野谷昌俊「台湾蛮人に於ける抜歯の風習に就て」人類学雑誌，51—1，1936
　宮内悦蔵「所謂台湾蕃族の身体変工」人類学・先史学講座，19，雄山閣，1940
3) 金関丈夫「死霊に対するカムフラージュ—抜歯の起り」発掘から推理する，朝日新聞社，1975
4) 金関丈夫「Dentes vaginae 説話に就いて」台湾医学会雑誌，39—11，1940（『木馬と石牛』角川書店，1976）。ここでは，福本雅一「臨海水土志訳注稿」（国分直一編）論集海上の道，大和書房，1978 の訳を掲げる。
5) 宮本延人「台湾の南端，墾丁寮石棺群遺跡」東海大学紀要（文学部），4，1963
6) 鈴木　尚「人工的歯牙の変形」人類学・先史学講

座，12，雄山閣，1940

　　島　五郎・鈴木　誠「ハワイ諸島人の抜歯について」日本民族と南方文化，平凡社，1968

7）　註4）と同じ

8）　平野義太郎・清野謙次『太平洋の民族＝政治学』日本評論社，1942

9）　註3）と同じ

10）　山内清男「日本先史時代に於ける抜歯風習の系統」先史考古学，1—2，1937

11）　小金井良精「日本民族中の南方要素の問題に就て」人類学雑誌，51—6，1936

12）　Takeo Kanaseki, The custom of teeth extraction in ancient China. Extrait des Actes du VIᵉ Congrès International des Siences Anthropologiques et Ethnologiques, Tome 1, 1960.

13）　渡辺　誠「日本の抜歯風習と周辺地域との関係」考古学ジャーナル，10，1967

14）　渡辺　誠「縄文文化における抜歯風習の研究」古代学，12—4，1966

15）　ただし，ほとんどの研究者はこの時期の抜歯率は低いと考えている。

16）　韓　康信・潘　其風「我国抜牙風俗的源流及其意義」考古，1981—1（源一茂訳「中国の抜歯習俗の源流と意義」えとのす，17，1982）

　　厳　文明「大汶口文化居民的抜牙風俗和族属問題」大汶口文化討論文集，斉魯書社，1979

　　張　振標「古代的鑿歯民—中国新石器時代居民的抜牙風俗」江漢考古，1981—1

17）　大林太良「児童観の変遷—成人式を中心として」子ども，東京大学公開講座，東京大学出版会，1979

18）　Aleš Hrdlička, Ritual ablation of front teeth in Siberia and America. Smithsonian Miscellaneous Collections, Vol. 99, No. 3, 1940.

19）　L. Cabot Briggs, The stone age races of Northwest Africa. American school of prehistoric research Peabody Museum, Harvard University, Bulletin No. 18, 1955.

20）　Hisashi Suzuki and Kazuro Hanihara, The Minatogawa Man. The University Museum The University of Tokyo, Bulletin No. 19, 1982.

21）　藤田恒太郎『歯の話』岩波書店，1965

22）　金関丈夫氏は，東南アジア諸民族における抜歯の起源と変遷を註4）文献で次のように述べたことがある。「その起源は男女七，八歳の時，自然的歯牙の変換を助成する意味をもって乳歯を人工的に除去したところから始まる。これには厭勝的の意味が加わり，後には歯牙変換の後において，新生歯を除去する風に遷る。しかるに男女七，八歳という年齢は歯牙の変換を顕著な一徴候として，身体的にも知能的にも人生における成熟の最初の一段階と考えられるにいたり，抜歯習俗はこの段階に達したことを意味する一つの成年式的行事となる。しかるにこの行事は多くの民族において，さらに，後年の第二の成熟段階である十五，六歳より十七，八歳の時まで遷延することが許され，かかる種族においてはその意味がさらに三転して成婚の一の準備的行事と考えられるにいたる。故に婦女にして第一あるいは第二の夫を亡い，第二あるいは第三の夫を迎えんとする場合には，その度ごとに欠歯を行なわなければならない。これはさらに転じて，前夫への服喪の表現と考えられるにいたったのであろう。すなわち血族近親者への服喪の習俗となり終ったのは，さらにそれ以後の変遷と考えるのである。

　　ただし以上の変遷はもとより各地方を通じて同時的に行なわれたのではない。現存諸民族のあいだにはそのあらゆる段階をみるのであって，はなはだしきにいたっては同一部族において，異なる両段階の思想を併有する例も稀ではない」。

　　氏はその後，この考えは破棄して，本文で紹介したような立場をとるにいたったが，上記の構想は，抜歯カムフラージュ説とは必ずしも全面的に矛盾するものとも思えず，私は捨て難いものと思っている。

23）　清水昭俊「生活の諸相」（石川栄吉編）現代文化人類学，弘文堂，1978

24）　M・エリアーデ（堀一郎訳）『生と再生』東京大学出版会，1971

入墨の意義と性格　　　　　　　■ 高山　純

帝塚山大学助教授
（たかやま・じゅん）

縄文時代に入墨が存在したかどうかはまだ不明であるが，もしあったとすればエスキモーの事例に近いものであったろう

1　マルケサス人の入墨

　　入墨のことを英語で「tatoo」，フランス語で「tatouage」というが，これはポリネシア語——正確にいえばタヒチ語——の「tatau」からきた言葉である。白人の入墨はヨーロッパ人たちが太

図1 19世紀のマルケサスの男の入墨
(A. Taylor, 1981 より)

平洋の人々と接触した結果，採用した習俗の一つである。

実際，ポリネシア人ほど高度に洗練された入墨の芸術を発達させた人々は世界にはいない（明治時代以後発達した日本の「彫物」はここでは除く）。とくにポリネシア人の中でもマルケサス諸島の人々ほど身体全体にする所はない[1]。図1に示すように，身体全体を黒装束で覆ったような有様である。ここでは入墨をするに際し，女性を近づけないようにした特別の小屋を建てる。

入墨は熟練者（tahuma）によってなされるのであるが，4人の助手が入墨される人（受術者）の手足を別々に押える。熟練者は最初に頭から下に向って木炭で入墨の輪郭を描く。次に，受術者の皮膚は伸ばされ，人間ないし鳥の骨でつくった櫛のような形の工具を顔料の中にちょっと浸してから皮膚の上に当て，竹製の棒で皮膚の上からそれをかるくたたく。血は一片の樹皮布（タパ）を用いて施術者（tafuma）か助手によってふき取られる。施術者は入墨の図案によっていくつかのサイズの違った工具を取り揃えている。直線やかすかな曲線には人骨製（時折，敵の骨が用いられる）工具がまた，細かい図案にはタブー視された鳥の脚と翼でつくられた工具が用いられる。初期の航海者たちによってベッコウとか魚骨とかサメの歯などでつくられた工具の存在が記録されているのであるが，現在では人骨と鳥骨製工具以外残っていない。顔料としては煤と灰が，水かヤシ油か植物性液によって溶かされて用いられる。

施術は極度の痛みを伴うだけでなく，施術後の8〜12日間というもの炎症で熱が出て，さらに腫れ上る。バナナの幹の汁からとられた薬が傷をいやすためにいわば軟膏として用いられる。しかし，受術者の中にはこの「外傷」のために死亡する者もいる。これを防ぐため，施術時には詠唱や合唱や沈黙とか種々の儀式がなされる。当然のことではあるが，首長には他の人々より一層精巧な入墨がなされるのであるが，ただ，戦闘の際，身元が確認しやすいように種族に特有な入墨はすべての人々に共通になされることになっている。マルケサスでは女性も入墨をするのであるが，それは結婚前に右の手になされることになっている。女性の場合も入墨は特別の小屋でなされ，男性の時と同じような儀式や苦痛が伴う。もっとも，施術者としては，その弟子の見習いたちが練習として行なうので男性の時より一層苦しいようである。

2 入墨習俗の構成要素

上に述べたマルケサスの入墨からわかるように，この身体装飾はいくつもの文化要素から構成されているのが一般的である。そして，この要素は民族によって異なる場合が多い。

受術者の性別をながめてみると，男子のみの所は，トンガ，サモア，ニューギニアのいくつかの種族，ボルネオのダヤク，チッタゴン山地のクーヨンサー，ナイル川上流のディンカ族などであると，J. G. Frazer は述べている[2]。しかし，トンガでは女性も腕と指の一部に入墨をしていたとキャプテン・クックは第2回目の航海で報告している。

なお，サモアで男子のみ入墨をする理由について，次のような伝説がある。昔々，タエマと呼ばれる女神と彼女の双子の姉妹とがフィジーを訪れた時，ここの女の入墨に感動し，これを歌にしてサモアに伝えようとした。しかし，サモアの近くまで泳いできた時，疲れて歌詞を「女のみ入墨をしていて，男はしない」とあった所を「男のみ入墨して，女はしない」と逆に変えてしまったからであるという。もちろん，これは単なる伝説であって，

サモアの男子の入墨の起源を正しく説明しているものとは思えない。何故なら，最近のオセアニアの考古学的調査は，サモアには紀元前1100年頃にトンガから最初の移住がなされ，このラピータ文化の担い手たちはラピータ式土器に見られるような文様の入墨をすでにもっていたことが想定されているからである[3]。

東アジアおよびオセアニアにおける入墨の受術者を性別でながめてみると，男女とも行なうか，あるいはかつては行なわれていた地域が大部分である。ついで多いのが，女性のみという所で，男性のみという所は最も少ない。男女ともに行なう例は，北アジア，インドネシア，オセアニア，インドと広く認められるのに対し，女性のみ行なう例は，インドネシア，メラネシアの一部，ポリネシアの一部，ベンガル，アッサムおよびインド本土の一部であって，メラネシア，ベンガル地方，インド方面に比較的集中している。一方，男性のみ行なう例は，ボルネオおよびニューギニアの一部，サモア，インドシナの一部，アッサムの一部，インドの一部で，インドシナおよびインドで比較的発達しているといえる。

ところで，未開社会での入墨は，日本のように個人的嗜好によって，やったりやらなかったりするものではなく，誰れもがなさねばならない社会制度の一つである。つまり，未開社会においては入墨は，単なる装飾以外にいくつもの重要な意義をもっている。したがって，これを無視し，単に入墨をする部位が多いとか少ないとかいうことからだけで，どの地方の種族は入墨が盛んであるのか，あるいはないとか，決めることはやや誤解をまねきやすい。

また，入墨の部位は，気候的に熱帯，亜熱帯，温帯，寒帯という違いによって生じる衣服の発達とも全く無関係であるはずはなく，この点も留意する必要がある。入墨をすると，これを他人に誇示したくなるのは当然のことで——それが入墨をする主要な目的の一つであるが——，衣服の下に覆いかくされているとせっかくの苦労も無意味なものとなってしまう。近時，未開人の間で入墨が廃れてきつつあるのは，生活様式全体の欧米文化への同化もさることながら，衣服の着用も無関係ではないように思える。

しかし，例えば，熱帯地方でも腰蓑の中の見えない部位に好きな人の印をするヤップの女性の場合や，極北のエスキモーの如く胸部にする（エスキモーといえども夏や室内では裸になることもある）例などが示すように，気候が入墨の部位を常に決定するものではない。ただ，一般的な傾向として，一年中を裸体でも暮せる熱帯の人々の間にあっては，体部全体に入墨を施すことが多いという傾向はある。

激しい苦痛を伴う入墨は，受術者がそれに耐えられるかどうかを判断するテストとなる。マルケサスでは体部全体の入墨が完了していない戦士と女たちは結婚できなかった。また，ここでは敵を殺したりすると再度入墨をしなおした。これらのことは，入墨が勇気を示す一つの証となっているし，さらに成年式における重大な行事の一つともなっていることを暗示している。

入墨が成年式の一つの通過儀礼となっている所は世界各地に見られる。とくに，東南アジア方面においてはこの時首狩が義務づけられていることが多い。図2に示すように，アッサムに住むナガ族の首狩成功者は顔に特別な文様の入墨が許される（マルケサスでは首長の入墨の完了は人身供犠と食人の饗宴で示される）。一方，一般にどこでも女子の入墨の資格は，機織に上達したしるしとしてなされる所が多い。これは，台湾のアタヤル族，ボ

図2 首狩の成功を示す入墨を顔にしたアッサムのコニャク・ナガ族の男

ルネオの一部の種族，それに日本の南西諸島やアイヌなどの間に見られた。

インドでは「種族の認識票」として入墨がなされる所がある。これによって社会の一員として認められるということは，通過儀礼の一種ともみなせよう。

東アジア，南アジア，オセアニアの入墨習俗の中で普遍的に見られるのが，入墨に来世へのパスポートとしてのはたらきが付加されているということである[4]。このために，「種族の認識票」としての入墨の文様を，その共同社会の成員であるかぎり，いかなる臆病者といえども施文しないわけにはいかないことになる。

なお，入墨はその文様自体に特別の意義が含まれていることがしばしばある。例えば，トーテムを体に入墨することがある。それは，これによって，そのトーテムがもっていると考えられる有益な性質をそれをつけた人間にのり移らすことを期待するためである。交感的魔力（sympathetic magic）に対する考え方がこの場合存在する。パンジャブの女性が，サソリ，ヘビ，蜜蜂，蜘蛛などを入墨するのはこのためである。

ここで想起されるのが『魏志倭人伝』に見られる「倭の水人好く沈没して魚蛤を捕るに身に文するは，またもって大魚水禽を厭するなり。後ややもって飾と為す」という記事である。これについてはいくつもの解釈が発表されているのであるが，私は鱗の文様を交感的魔力からつけていたものと推考したことがある[5]。しかし，それにトーテム的信仰も付加されていたかどうかはなんともいえない。

入墨の施文仕方には刺突による方法，切傷による方法，黒く染めた糸を皮膚の下に入れる方法などがある。刺突の方法で興味深いことは，刺突具をたたくために，ハンマーが台湾以南では一般的に使用されるのに対し，南西諸島以北ではこれが欠如していることである。

東アジアおよびオセアニアに共通して見られる点は，顔料として煤が好んで用いられているということであろう。これは火の信仰とも関係があるかもしれないのであるが，炭より煤の方が粒がなく皮膚にすりこみやすいという利点のあることも無視できないであろう。もし縄文時代に入墨の風習が存在したならば顔料は煤であった可能性が強い。

3 民族考古学（ethnoarchaeology）

近時，考古学に民族学を結びつけた民族考古学（ethnoarchaeology）と呼ばれる学問ないし研究方法が盛んになりつつある。民族学的事例から先史文化を類推することが比較的容易な場合もある。釣針や石鏃や石斧などはその代表的な例である。これに対し，入墨習俗の存在を証明することは案外むずかしい。縄文時代の屍体が泥炭層中から発掘されることがかならず将来あるものと確信しているのであるが，それが入墨をつけているかどうかによって入墨の存否は決定的なものとなるであろう。

現在までのところ縄文時代の遺跡からは入墨用と明確に断定できる刺突具は出土していない。土偶や土面に施された刺突文や沈線文は，髭や塗色をあらわした可能性がないわけではない。したがって，かつて縄文人の入墨の存在を論じたことのある私は[6]，今はその存在については態度を保留するにいたっている。しかし，上記のような入墨の比較民族学的分析から，もし縄文時代に入墨があったとするならば，日本の気候から言っても，また入墨の発達の段階から考えても，極北のエスキモーの事例にほぼ近似したものではなかったかと推測している。縄文時代の装身具を周辺地域の民族・考古学的事例と対比すると，それは，南方のいわば「貝文化」と北方アジアの「骨文化」との中間に位置するといえそうである。このことは，縄文人の入墨が，もし仮にそれが存在したならば，エスキモーのものよりもう少し体全体に施されるようなタイプのものであったかもしれないことを示唆している。

註
1) Taylor, A.: Polynesian tattoing. 1981.
2) Frazer, J. G.: Totemism and exogamy. Vol. IV, 1910.
3) Green, R.: Early Lapita art form from Polynesia and island Melanesia : continuities in ceramic, barkcloth, and tattoo decorations. In Exploring the visual art of Oceania : Australia, Melanesia, Micronesia, and Polynesia, ed. Sindey M. Mead, 1979.
4) 大林太良「東南アジア・南アジア・オセアニアの文身と他界観」日本民族と南方文化，1968
5) 高山　純『縄文人の入墨—古代の習俗を探る』1969
6) 註 5) に同じ

特集●装身の考古学

考古学の周辺

これまで考古資料を中心に装身のうつりかわりを述べてきたが，今度は文献学，あるいは民族学から装身の意義を考えてみよう

律令時代の衣服規定／儀礼と装身

律令時代の衣服規定
――日本衣服令の特質――

■ 武田佐知子
（たけだ・さちこ）

わが衣服令における「朝服」は，朝廷という空間的場に限定して着用すべき衣服として規定された

1 礼服・朝服・制服

養老衣服令は，礼服，朝服，制服の三種類の衣服の体系をもっている。このうち礼服は皇太子，親王，諸王，そして五位以上の諸臣が，大祀，大嘗，元日などの，重要な儀式の際に着用すべく定められた衣服であり，品階，位階に対応した「礼服冠」をかぶり，袴の上に「褶（ひらみ）」と称するスカート形式のものをつけることが，主な特徴としてあげられよう。

朝服は，有位の官人層が，「朝廷公事」，つまり朝廷内での儀式行事一般に着用すべき衣服であり，「礼服冠」のかわりに，位階にかかわりなく，一律に黒い「頭巾」（図参照）をかぶった。また「褶」はつけず，衣服は上衣とズボン形式の袴を組み合わせるものであった。そして制服は，無位の庶人や家人・奴婢の衣服である。

これらの規定は，衣の色や腰帯の仕様，かぶりものや，手に持つ笏の材質などに，品階や位階に応じた格差を設け，着用者の身分を視覚的に表示する機能を担わせようとするものであった。

養老衣服令の集解の「古記」が，「衣服，謂は禮服也」と注記しているのは，衣服令の規定がこのように，礼的秩序――社会的諸関係に即した人間の相対的位置関係――を，眼にみえる形で表現するものとして存在したからである。

ところで礼服，朝服，制服の，この三種類の衣服の体系は，養老令においてはじめて成立した可能性がある。

「朝服」の語は，『日本書紀』天武十四年（685）七月条にすでに見えるが，「礼服」は，大宝令ではじめて成立したらしい。そして「制服」は，先にも述べたように無位の者の服制なのだが，大宝令施行下の『続日本紀』和銅五年（712）十二月条に，「无位朝服」という表記があるところをみる

大大論（正倉院宝物）

71

と，大宝令では，無位の者の衣服も「朝服」と呼ばれていた可能性が考えられるのである。

つまり，わが国の衣服の制度は，天武朝にまず「朝服」が定められ，大宝衣服令でその上に「礼服」の体系を積み上げ，さらに養老令で「朝服」の一部を分けて，无位の庶人や家人・奴婢については「制服」条を別置して規定したものと想定される。

2 「朝服」の来歴

では一体，最初に服制として成立した「朝服」とは，どのような性格の衣服だったのだろうか。

日本衣服令の男子の「朝服」は，中国では「胡服」あるいは「袴褶」と呼ばれる，下半身に袴を着用する，ズボン型の衣服の系統をひくものであった。そもそも漢民族固有の衣服形態は，上衣下裳といって，男女ともに下半身にスカート形式の衣服を纏うものであり，これが儒教的教説にのっとった，礼にかなう衣服として尊重されていた。

そして一方，この胡服系統のズボン型の衣服は，北朝系の王朝では，「常服」，つまり私服，日常的な次元での衣服としての位置を占めていたが，それは儒教的な礼の規範にのっとった儀式・行事の際の衣服の制度を規定する，中国の「礼」や「衣服令」などに明文化すべき衣服ではなかったのである。

しかし晋代以降，袴褶はしだいに朝廷公会の場でも着用されるようになり，北斉（550〜577）に至っては，色も各自思いのままに，皇帝に謁見する場合や，省寺に出入りする場合にも，ズボン型の衣服を着用し，元正の大会以外は一切これですませたという（『旧唐書』輿服志）。

おそらく，こうした既成事実の国家による追認として，本来私服であって，国家的な規制をうけるべきでない「常服」にも，服の色によって身分の差等を表示する制度が行なわれるようになり，それが令にも明文化されるにいたったのだと考えられる（『唐令要』巻31章服品第）。

ところで中国では，例えば『旧唐書』輿服志が，「衣裳に常服・公服・朝服・祭服の四等の制あり」と記しているように，四種の服制が存したが，ここにいう「朝服」は，日本衣服令のいう「朝服」と，いささか趣きを異にしていた。

中国衣服令のいう「朝服」は，陪祭・朝饗・拝表などの「大事」に着用すべきものとされ，どちらかといえばわが衣服令では大祀・大嘗・元日などに着用するとされる「礼服」に近いものである。また形態としても，胡服系統のズボン型の衣服ではなく，漢民族固有のスカート形式の衣服であったのである。

では何故にわが国は，中国における「朝服」とは全く実体の異なる衣服，胡服系統の衣服を，「朝服」として採用したのであろうか。

おそらくこの事態の背景となったのは，中国において『文献通考』に，「唐の時，袴褶を以て朝見の服となす。開元以来，しばしば勅すらく，『百官の朝参は，応に袴褶を服すべし。しかるに服せざる者は，御史をして糾弾し，罪を治めしめよ』……」とあるように，袴褶が，朝参の服，朝見の服として規定されていた事実であると私は推察する。そしてこの朝参に袴褶を着用すべしとする規定は，袴褶の服色による，官品の差等表示の制をも含めて，実は唐衣服令にではなく，唐儀制令に規定されていたらしい。

つまり唐衣服令の，衣裳の制による「朝服」の存在とは別に，唐儀制令に，袴褶の制による「朝参の服」の規定が存在していたのである。

そして日本衣服令は，この唐衣服令とは直接的にかかわりのない，唐儀制令の，袴褶による「朝参の服」の制度を，令の体系として敷衍したものと想定されるのである。

唐で袴褶が毎月一日，十五日の朝参の服として正式に規定されたのは，貞観年間（627〜649）のことであり，文明元年（684）には，京内の文官は，毎日の入朝にも袴褶を着用すべきことが規定された。この当時，わが国は唐と外交関係を結んではいなかったが，唯一先進的な大陸の文物を摂取する窓口として，新羅と交渉をもっていた。そして新羅は，真徳女王三年（649）以来，衣服の制度は中国のそれを踏襲していたのである。

わが国がズボン型の衣服を「朝服」として採用したのは，685年，つまり唐文明元年のわずか1年後のことであるが，おそらく国交がないにもかかわらず，唐朝の動向をすみやかに察知し，その服制の導入をはたし得たのは，新羅を媒介にしてのことだったと思われる。

3 場の衣服としての朝服

ところでこのように，わが国が天武朝に「朝服」として導入したのは，唐朝における袴褶による

「朝参の服」の制度であったのだが、ではこれを「朝服」と称したのは、そこに「朝参の服」であるという意味を込めてのことだったのだろうか。

「儀制令」文武官条の集解の諸説によれば、「朝参」とは、有位の官人が、毎月一日に、朝庭に会集する、いわゆる「告朔」の儀を指していた。養老令が、无位の庶人や家人・奴婢については、「朝服」とは別に「制服」条をおいて規定したことは、朝参が有位の官人について行なわれるものである以上、極めて妥当な処置であるといえよう。集解の穴記が、「无位については朝服というかなわず、ゆえに制服という」と注しているのも、「朝服」が「朝参の服」の意でなければならない、とする解釈にもとづくものである。

とすると、大宝令段階では未だ制服条が分置されておらず、无位の庶人や家人・奴婢の衣服が「朝服」と称されていたということは、この段階での「朝服」は、有位官人の「朝参の服」以外の意味が込められていたとみなければならないのである。

これについて示唆的なのが、大宝衣服令の朝服条が、その着用すべき場面について、「朝廷公事」の他に「尋常」の語を加えていたと思われることである。尋常とは、儀制令文武官条の集解によれば、朝堂院の八省庁および曹司における日常の勤務を指したらしい。つまり朝廷での儀式、すなわち朔日朝会＝告朔の儀の如き儀式の場に限られるのではなく、儀式と、日常の勤務の、双方に着用すべき衣服として、「朝服」が存在したことになるのだが、この場合の「朝服」の「朝」の意味するところは、空間的な場としての朝廷以外に想定しにくいのである。

おそらくこのように、「朝服」の「朝」が、朝廷という場所を指すのだという認識が、「朝廷公事」に対立する概念として、集解の諸説が「他所」・「私家」と、いずれも場所を問題にさせているのだと考えられる。

『日本書紀』持統四年七月条の、これからは家内から朝服を着用して参内すべしとの詔に対して、書紀の編者が「けだし昔は宮門に到ってから朝服を着用したのか」と注していることが象徴している

ように、「朝服」はわが国では、宮門内＝朝廷内という空間に限定して、着用されるべき衣服として規定されていたものと思われる。

このように、わが国の「朝服」が、空間的場としての「朝廷」に着用すべき衣服であった事実は、儀制令、凶服不入条にも如実に示されている。すなわち、ここでは服喪の期間中に、喪服で公門（＝宮城の門、朱雀門のこと、その内部に朝堂院を含みこむ宮門にくぎられた空間と、各省庁の曹司所在の空間の双方を含む。また国郡庁の門もこの範疇に入る）に入ることを禁じ、父母の喪中にもかかわらず解官されない者は、朝参する場合も「位色」（＝朝服）を着用すべきこととし、家にいる場合には、その服喪すべき服制によるべしとしている。ここで注目されるのは、この文脈では、位色たる「朝服」を、朝参の場合もまた着用すべしとしていることから、公門に入る場合の衣服として、服色によって位階を表示する「朝服」を位置づけていることが明らかなのである。

この条文の下敷きとなった唐儀制令の当該条

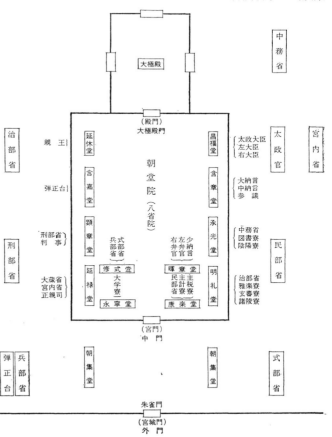

朝堂院概念図（岸俊男「朝堂の初歩的考察」橿原考古学研究所論集より）

は，喪服で公門に入ることを禁じるのみで，その替りにどのような衣服を着用すべきかを，一般論としては述べていない。

このことの理由はおそらく，中国では，空間的場を一元的に律するものとして，衣服が規定されるのではなく，同一空間で挙行される儀式に応じて，その着用すべき衣服が異なるという事情に起因するものである。

このように考えてくると，わが国における「朝服」は，中国の儀制令における「朝参の服」の制度を踏襲しながら，その実，朝参という儀式に限定した衣服としてでなく，朝廷内という空間的場において，一元的に着用すべき衣服として規定されたものであったことが理解される。

4　衣服令と身分秩序

日本衣服令は，唐衣服令の規定を直接的に継受したのでなく，儀制令の「朝参の服」の規定を継受・体系化したものなのであった。とすれば，日唐衣服令をそのまま比較・対照して，その異同を論じることは問題があろう。例えば中国衣服令では，皇帝の衣服の規定を含むに対して，日本衣服令が天皇の規定を含まないことを，天皇の，礼の秩序からの超越の指標として把える説がある[1]が，はたして妥当といえるであろうか。

確かに日本衣服令には，天皇の衣服規定は存在しないが，それは下敷きとなった唐儀制令の性格に起因するものではないだろうか。すなわち唐儀制令は，朝儀における官僚間の差等を，可視的に表示することを主眼にしていたと想定されるのであり，おそらく仁井田陞氏の『唐令拾遺』が，衣服令の規定として復元している，袴褶の服色による，官品の差等表示の制も，私見によれば，実は儀制令の規定だったと考えられる。

そしてこの服色の規定の中には，これが官僚を対象として，その間の差等を可視的に表示することを主眼とする，朝参の服の制であるという性格上，当然のことながら，皇帝の服色の規定が含まれていないのである。

とすれば，日本衣服令に天皇の衣服規定が含まれないのは，わが衣服令の成立過程からみて極めて当然の事象であり，天皇の，礼の秩序からの超越という事態を，直截に導き出すわけにはいかないのである。

むしろ私は，日本衣服令には，天皇の衣服規定が

存在しない一方で，本注の形ではあれ，家人・奴婢の衣服の規定が包括されることを問題にじたい。

唐儀制令の服色の規定に，庶人・部曲・奴婢についての規定が含まれないことは，そもそも朝参が，有品の官人層によって挙行されるものである事態からして，極めて当然のことといえよう。ところがわが衣服令では，朝服を，「朝廷内での衣服」との定義のもとに規定したため，宮門内に参集する人間の諸階層について，必然的にその衣服の規定を設けなければならないことになった。

当該時代の中国における礼ないし礼的秩序とは，皇帝から庶人までの階層によって共有されるものであり，奴婢は礼の規範の外にあった[2]。ゆえに唐衣服令は，奴婢を除外し，皇帝から庶人までの階層を規定の範囲とするのである。

このように考えると，日本衣服令が，日本的な礼の秩序を体現するものとして存在したとすれば，日本的な礼の秩序とは，良人のみならず，家人・奴婢をも包摂するものであったと考えなければならないのである。

そしてかかる推定は，石母田正氏がいわれるように[3]，奴婢身分を除外することによって成立する「良人共同体」という範疇を設定することが，はたして妥当か，との問題をも提起するであろう。

最近早川庄八氏は，前期難波宮の朝堂院の規模が，前後を絶して大きかった理由を，この時期の朝廷が，「有位者」のみでなく，訴訟のために上京し，天皇の裁定を仰ぐ，在地有力者などの「国民」の参集する場であったことに求められた[4]。「朝廷」が官人層の儀式行事や，日常の勤務を行なう場として存在するだけでなく，これは集解の諸説からも看取されることだが，訴訟の場としての機能をも担う，多元的空間であったことが，無位の者や，ひいては官人層に従侍する家人・奴婢などについてすらも，「朝服」の語を以って衣服を規定する一因ともなったのだと考えられよう。

註

1)　武光　誠「日本衣服令に関する一考察―唐制との比較を中心に―」続日本紀研究，205，1979

2)　西嶋定生「中国古代奴隷制の再考察」古代史講座7・古代社会の構造―古代における身分と階級―，1963

3)　石母田正「古代の身分秩序」日本古代国家論，第1部，1973

4)　早川庄八「前期難波宮と古代官僚制」思想，703，1983

儀礼と装身

東京造形大学助教授
鍵谷明子
（かぎや・あきこ）

装身は信仰や儀礼と強く結びついており，人々はさまざまな
儀礼の場において神々への畏敬の証しとして装身を行なった

1 装身の二面性

人間が装身する動機は実に多種多様で，それら
が互いに複合しあっているのが常である。最も強
い動機は美的欲求の満足，つまり美しくありた
い，美しくみせたいという装飾本能であろう。多
分に異性を意識したものといえる。最もポピュラ
ーな装身である化粧が，官能を刺激し，性的興奮
をよぶことはよく知られている。わが国でも，古
代，祭祀や歌垣などの行事の際には，男女とも儀
礼上の配慮はもちろんのことながら，互いに異性
をひきつけるべく最大限の努力をはらって装身す
るのが常であった。

化粧はいみじくも粧って化けると書く。普段は
何も手を加えない素顔の上に色を塗ることは“常
ならぬ状態”を創りだすことであり，自己異化行
為といえる。そのことは単なる美的欲求の満足以
上の，いわば“変身”への願望がこめられている
と考えてよい。変身とは，古来俗なる状態から脱
却してハレの場にのぞみ，超自然的存在に接する
ための手段であった。装身が信仰や儀礼と分かち
がたく結びついていることは論をまたない。人々
はさまざまな儀礼の場で，神々への思慕や畏怖の
念をあらわすために，また神々と交流するために
装身する。また悪霊や敵を威嚇する効果もねらっ
たのである。化粧や文身また身体変工を施したり，
仮面や各種のアクセサリーを身につけて，人々は
日常性からの離脱を試みるのである。美的欲求，
装飾本能につぐで，宗教的な動機が装身の筆頭の
動機に数えあげられる所以である。

ところで，装身は自己異化の行為である反面，
自己同一化，すなわちアイデンティティの確立あ
るいは保持を目的とした行為でもある。アーカイ
ックな社会では，個人的な好みや趣味で装身する
ことは概して少なく，帰属する集団や社会の一種
の慣習として，それも強制力をもった慣習として
行なわれることが多い。文身や化粧や服飾は，直
ちに当該社会の成員すべてに了解可能な，性別や
身分，未既婚の別，帰属などを表示する一種の社
会的サイン・記号となっている。また化粧は魔除
けにその起源をもつ。すなわち，悪霊から身を守
るための一種の盾になったのである。仮面もまた
同じ機能をもっている。化粧・仮面の異装は，自
分自身を守ろうとする，変身願望と逆の側面もも
つ。その意味で，装身は二面性を持つ両義的性格
を示すものといえるのである。

さて，装身には直接的な装身，すなわち裸の皮
膚に彩色したり文身をしたり，あるいは身体変工
を施すものと，間接的に服飾として，人体の上に
いわゆるアクセサリーを付加するものと，大きく
二つにわけられる。原始的信仰においては前者が
際立っている。

前者の装身は，身体塗色（ボディーペインティン
グ）は別として，一旦施すと一生消えないもので
あり，また大変な苦痛に耐えてはじめて成しえる
装身である。それだけに宗教儀礼上の効果も一段
と高まるといえよう。信仰には自己犠牲がつきも
のである。原始的心性にとって，わが身の苦痛が
大きいほど，神々との距離がちぢまるのである。

最も華麗な，そしてそれ故に残酷な装身は，現
存未開社会にその典型をみることができる。裸体
の皮膚に直接手を加える装身を主とするため，熱
帯地方の原住民の間で広く行なわれている。

2 身体塗色

まず，最も手軽な装身として行なわれている身
体塗色（皮膚彩色）についてみてみることにする。
簡単に消したり描いたりすることができるところ
から，熱帯を中心に広く見出せる。成人式やトー
テム儀礼の際に，所属する部族やトーテムにした
がって象徴的な文様を描くことが一般に認められ
る。ことに南米のインディアン諸族は，大胆でカ
ラフルな身体塗色で名高い。身体の一部である顔
に施す“化粧”は，周知の如く，古今東西，未開
文明を問わず，あまねくゆきわたっている装身の
代表的な例である。化粧には人類のあらゆる思い

がこめられていると言ってよいであろう。

　今から数万年前，旧石器時代にすでに種々の顔料を使って，呪術信仰に基づいて化粧をしていたことが知られている。好まれた色は，鉱物や土類からとる赤・黄・白，そして墨の黒の他，植物の色汁から採取する青・緑である。未開な社会では，赤に対する好みがどこでも強烈で，他の色を完全に圧倒している。わが国でも古代人が赤化粧をしたことはよく知られている。赤は農作物の恵みをもたらす太陽の色であり，生命の源血の色であり，エネルギーや勇気をあらわす色となっている。古代人は，全身の皮膚，あるいは耳・目・鼻といった穴のまわりを赤く塗ることによって，邪霊の侵入をくいとめることができると考えたのだ。現存未開社会では，アフリカ中央部に住む採集狩猟民のブッシュマンが，耳・目・鼻・口からへその周囲まで赤を塗っている。多くの伝統的な社会で，赤は生にも死にもつながる神秘の色であった。

　ところで，化粧は，今日のように女性だけのものでは本来なく，アーカイックな社会では両性がともに行なった。現存未開社会では，むしろ圧倒的に男性の方が日常的にもおしゃれであり，祭りや儀礼時の装身はまことに華麗で，女性は顔色なしといったところである。

　儀礼との関連で最も化粧が際立つのは成人式の場面であろう。多くの未開社会において，成人式は一人前の大人への生まれ変わりの儀式であり，死と再生のドラマが演じられる機会である。候補者である若者たちの儀礼的な死は白の色で象徴される。白は伝統的な社会では死の色，死者の色で，候補者たちは全身を白い泥や粘土で塗られ，一旦儀礼的に死なねばならない。厳しい肉体的精神的試練にパスし，はれて大人とみなされると，それまでの白色は洗い落され，歓喜の色，生命の色である赤や黄が代って彼らを彩どるのである。この色彩の変化は実にドラマティックである。

　さて，未開社会の成人式における象徴的な白の色使いは別として，白の化粧法は，人類の歴史を通じて主流であった。とくに男は外，女は内という形で女性が深窓ないし家庭にとどまることを期待されるようになって以来，出歩いて日焼けすることがない証しとしての白の肌色が好まれたわけである。女が化粧するのがあたりまえになる以前，未開社会を含めて多くの社会では，一部に赤

化粧を残しながら，白は神々への恭順の心をあらわす色として極めて一般的であった。古来わが国でも，神に仕える者は禊をして身を清め，白の斎服を身につけて，顔には白粉をはいたのであった。神託は未婚の婦女——采女を通じて伝えられた。そこで男子が神祭りをする時には，女装して顔に白粉をはかねばならなかったのである。奈良時代の神社の覡男は女装して神に仕え，巫女とともにおかれた。今日の通過儀礼においても，白化粧は欠かすことのできないものだ。

　少なからぬ未開社会でみとめられる男性司祭やシャーマンによる女装は，儀礼における装身の重要な側面を示唆するものである。すなわち，男性の女装は両性具有の性格を表示するものであり，より聖なる状態へ自らを導く手段なのである。古来聖なるもの，完全なる神性とは，男性でも女性でもない両義的存在であった。聖なる儀礼にのぞむ時，宗教的職能者が，転性装することで自らを聖化し，宇宙論的存在に転化させ，より神々に近づこうとしたことはほぼまちがいない。成人式の一環としてよく登場する男子の女装，女子の男装の習慣も，両性具有が完全なる存在のイメージであることを示唆する。

3 仮　　面

　ところで，化粧も濃厚な厚化粧になると，一種の仮面となる。皮膚がこわばり，感情をあらわに出せない場合，もはや自分の顔とは言えない。そこで，仮面を顔につけるというこれまた代表的な装身行為について，ここで一考しておく必要があるだろう。仮面は人間の装身行為の中で最も効果的に用いられている道具といえよう。

　仮面は大きくは儀礼用の仮面と舞踏用の娯楽性の強い仮面とに分けられる。前者は，秘密結社や成人式の儀礼に不可欠のものである。多くの場合，仮面は聖なる祖霊を具現化したものと考えられている。祖霊を模した面や獣の面をつけることによって，アーカイックな社会の人々は，祖霊や動物霊の世界つまり超自然的な世界と交流できると信じたのである。装身とは，そもそも常ならぬ自分を創り出すことにより，異質の世界に自己を飛翔させ，一時にせよ，困苦にみちた現実を忘れて変身したいという願望の表われと解釈することができよう。ただし，この場合の自己はあくまで共同体の一成員としての個人である。未開な社会

石川県真脇遺跡

縄文前期～晩期の各文化層が検出された

遺跡全景　入江の奥に形成された沖積平野中央部に立地

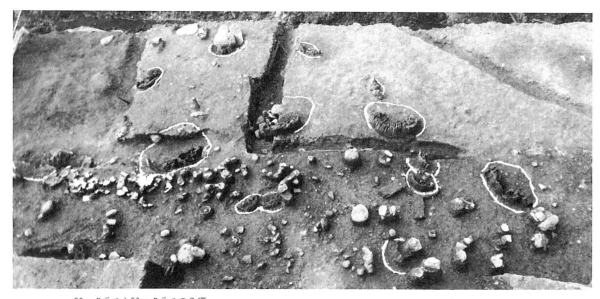

巨大木柱根の配列　90cmクラスと50cmクラスの2環のほかに1～2環めぐりそうである

石川県鳳至郡能都町の真脇遺跡で、縄文時代前期初頭から晩期末にいたる各時期の土器片や、金沢市チカモリ遺跡にみられるような巨大木柱根、土製仮面、編物断片、玉製品、人骨、イルカ骨など縄文時代に知られるあらゆる遺物が出土した。

（構成・写真提供／山田芳和）

目途穴を穿った木柱根

晩期と後期の層序　さらに足下1mには前期層がある

石川県真脇遺跡

硬玉製玉（縄文晩期）

ロウ石製玉（縄文中期）

裏　　　　　表
土製仮面（縄文後期）

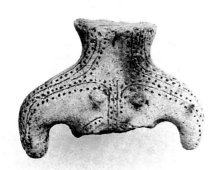
頭部取り付けの穿孔をもつ土偶（縄文中期）

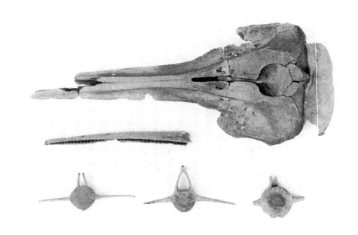
イルカ骨（頭骨，下顎骨，脊椎骨）（縄文前期）

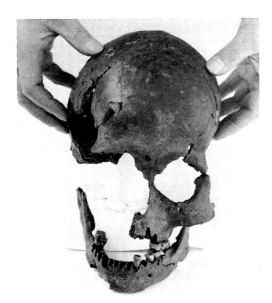
出土した人骨（縄文前期末～中期初）

編物断片（縄文前期）

美豆良をつけた人骨が出土した
茨城県武者塚 1 号墳

茨城県新治郡新治村上坂田の武者塚1号墳で，村史編纂に伴う発掘調査が行なわれ，石室内から6体の人骨を発見したが，中央の1体にはみづらを結った毛髪や口ひげ，顎ひげがほぼ完存しているという珍しいものだった。古墳は7世紀後半の終末期のもので，青銅製杓や環頭大刀，圭頭大刀，銀製帯状金具などの副葬品も発見された。

玄室からみた前室　框石によって区画された前室床と後室のそれとの間には50cmあまり高さに差がある。開口しない南壁に注意されたい。

石室の天井石
手前のやや小ぶりな板石2枚が前室の天井である。墓壙内に立てた側石を維持するために，多量の粘土が使用されていた。

前室東壁ぎわの副葬品　青銅製杓と2口の大刀，さらにその上には銀製帯状金具がみえる。

写真提供／武者塚古墳
　　　　　発掘調査団

茨城県武者塚 I 号墳

銀製帯状金具 長さ40cmほどの銀の薄板に，精細な透彫りが施されている。主文様の唐草文は，中心花から左右シンメトリカルにふり分けられており，その1側には珠文が配される。

美豆良？
2号人骨には頭髪，口ひげ，顎ひげなどがよく遺存していた。頭の中央で左右に分けた髪は丁寧に梳いたらしく，毛筋がよく通っている。耳の下あたりで上に折り返し，先端は結んである。いわゆる上げ美豆良？にあたろう。

青銅製杓
叩き出しによって成形した片口付きの杓本体に，端部が直角に折れ曲る鉄柄を鋲で留めたもの。柄部には布が錆着している。全長はおよそ45cm。

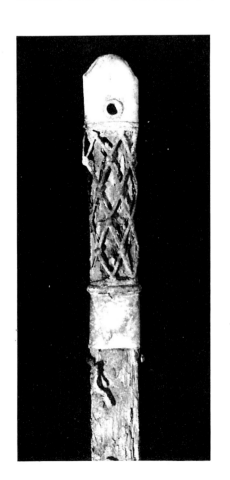 

圭頭大刀の柄（左）
銀製の圭頭式柄頭を持つ大刀の柄間は，通常銀線巻きなどであるが，本例は斜格子状の透彫りの薄板で飾ってある。

三累環頭大刀の柄（右）
金銅の三累環頭は茎を持たず，共づくりとなった筒金具に目釘穴があけられるという便化した作りである。

においては，独自のパーソナリティーは存在しがたい。まったく個別のレベルで仮面を用いることはまずないと言ってよい。したがって，秘密結社や成人式の儀礼で仮面をつけるという行為は，共同体が抱く共通の願望を表示するわけである。仮面はその意味で装身の極致といえよう。

もっとも，仮面をつけることは極めて手軽な装身とうつるかもしれない。しかし，アーカイックな社会においては，仮面は聖具であり，それ故に危険なものとして，乱りに用いることは許されない。日常は布や皮に包まれ，壺に入れられたりして特別なしまわれ方をする。神聖な仮面には女を絶対に近づけない社会が多い。また仮面には，著作権や所有権が付随していることが少なくない。

4 文 身

次に文身をみてみよう。文身には彩色をするいわゆる入墨（刺青）と，無彩色で傷痕の盛り上り，つまりみみずばれによって文様を浮き出させる瘢痕文身とがある。後者は黒人などの皮膚の色の濃い人種の間で広く行なわれている。さまざまな目的をもつが，通過儀礼の中で成人式と深く結びついて登場する代表的な身体装飾となっている。アフリカやオーストラリア大陸の原住民に多くみられる。中央オーストラリアでは，男子の成人の印として，胸や背中に平行線を描き，アフリカのヌエル族では額に6本の横線を刻む。女子も同様に成女の印として，幾何学的文様の瘢痕を施す。年若い男女は，苦痛に耐えることで大人への一歩を踏み出し，祖霊や部族の秘密に近づくのである。わが国でも古代，『古事記』や『日本書紀』を通じて知られる鯨面があった。極めて呪術的色彩の濃いものであったと推測される。現在の歌舞伎の隈取りにその名残りを見出すことができる。

5 割 礼

さて，儀礼と結びつく代表的な身体変工として，まず男女の割礼をあげなければならない。未開社会の多くは，成人式あるいは秘密結社の入社式に，若い男女に性器の変工を行なった。割礼の諸相はシンボリカルなイメージに富み興味深い。男子は，割礼で血を流すことにより女性の生理を，また陰茎の下部切開により女性性器のヴァギナをイメージし，両性具有を夢みた。女子は，女性性器の中の男性的部分である陰核を切除することに

よって，充全なる女性たらんと願ったようである。これもまた，一種の自己異化行為といえよう。自己異化行為であると同時に，先にのべたように，伝統的社会的サインを身につけるという，なによりもアイデンティティの確立をめざしたものなのだ。ちなみにユダヤ人の割礼は，明らかに神との契約の証のようなものであり，信者たちが単一の共同体のメンバーであることのサインと考えられる。とまれ成人式には実にさまざまな要素が複合しあい，華麗な装身のすべてが出そろう。アフリカのマサイ族では，男女共成人式には顔に白粘土を塗られる。割礼を受けた男子はしばしば女装をして女子をからかう。女子は施術後，髪を剃り，頭を草や駝鳥の羽で飾る。

抜歯や断歯・削歯の慣習も，成人式と多くは結びついている。わが国の石器時代に，広く抜歯の風があったことが知られている。また，切歯をフォーク状に刻みこんだ例が少数あり，特異な職業的呪術者の一種の標識ではなかったかと推測されている。

6 儀礼的服飾

最後に，儀礼的服飾のいくつかについてみることにする。一般的にいって，古代人や未開社会の原住民の装身具は，悪霊から身を護る護符と重なり見分けのつかない場合が多い。

わが国の古墳時代に最も流行し，男女ともに愛用した装身具である首飾りに使われた勾玉は，神霊が宿ると考えられていた。玉は魂・霊のタマに通じ，そのシンボルと考えられていたようである。元々は動物の牙の形をヒントにしたものと言われる。未開社会では，そのまま虎や豹，あるいは渦を巻いた立派な豚の牙をいくつもつなげた首飾りが，高価で，極めて呪力の強いものとして重用されている。酋長や戦争リーダーや儀礼執行者たちが一種のパワーシンボルとして身につける装身具になっている。鏡も円くて光るところから信仰上重視されており，とくに神がかりの状態で超自然的存在と接触するシャーマンにとって，儀礼上不可欠の装身具とされている。鏡に神霊が乗り移るというわけである。わが国の古代，祭儀に奉仕する巫女が腰に鈴鏡をつけたのも，同じような理由からであろう。櫛や笄も，元々神聖な呪力をもった悪魔払いを目的としたものであった。イザナギの命が冥界から逃げ帰る時，頭髪にさしてい

角製頭飾りとほお皮ひもをつけた戦士

戦士たちの装い

た由津爪櫛を追手に投げて難をのがれた話はあまりにも有名である。

　身体に付加するアクセサリーは着脱が容易なところから，儀礼時すなわちハレの機会と，日常のケの状態を区別する最も手軽な手段となっている。大抵の社会には普段着と晴れ着の区別がある。祝祭時の服飾はコード化された記号といえる。アマゾンの未開な裸族においてすら使い分けがみられ，頭飾りや腰帯などは，日常的に女よりずっと飾りたてている男でも，祭礼時にのみ身につけるものとなっている。現代社会の結婚式や修道女の叙任式のヴェールや指輪も，儀礼的なハレの用具として使用されている代表的な装身具である。一般的に言って，アーカイックな社会では，男は聖なるもの，女は俗なるものとして位置づけられていて，明らかに女性は宗教的に差別されている。したがって，女は儀礼に参加できないことが多く，儀礼用の服飾は男の独壇場となる。

　以上，装身と儀礼との関係を民族学的立場から概観してみたわけであるが，装身の様相は実に多岐にわたっている。まさに装身は文化の所産であり，時代や民族性，風土により異なった顔をみせる。しかしどのような形をとるにせよ，人類史の中で儀礼とわかちがたく結びついてきたし，これからもそうありつづけるであろうことは論をまたない。

参考文献

　執筆にあたっては，川田順造『サバンナの手帖』新潮社，1981，に多くをよったほか，以下の論著を参考にした。

1) ジャック・パンセ，イボンヌ・デランドル著　青山典子訳『美容の歴史』文庫クセジュ，白水社，1961
2) 原田淑人『古代人の化粧と装身具』東京 創元新社，1963
3) ミシェル・ボーリュウ著　中村祐三訳『服飾の歴史』文庫クセジュ，白水社，1974
4) 桜井徳太郎・小野泰博ほか『変身』ふぉるく叢書，3，弘文堂，1974
5) ファン・ヘネップ著　綾部恒雄・綾部裕子訳『通過儀礼』弘文堂，1977
6) 小川安朗『民族服飾の生態』東京書籍，1979
7) P. G. ボカトゥイリョフ著　松枝・中水訳『衣裳のフォークロア』せりか書房，1981
8) 久下　司『化粧』法政大学出版局，1981
9) 樋口清之『化粧の文化史』国際商業出版，1982
10) 山城祥二編『シンポジウム・仮面考』リブロ出版，1982

●最近の発掘から

縄文前期～晩期の大遺跡——石川県能都町真脇遺跡

山 田 芳 和　　真脇遺跡発掘調査団主任

1　調査の概要

　真脇遺跡は，能登半島の先端部に近い，石川県鳳至郡能都町字真脇に所在する。富山湾がさらに入り込んで小湾をつくり，その湾奥に形成された，海抜 6～12 m の沖積小平野に，遺跡は立地している。平野東隅には，以前から土師器片の散布が認められ，遺跡台帳にも登載されていた。

　発掘の契機となったのは，この平野 11 ha に，団体営圃場整備事業が計画されたことによるが，その陰に，民間研究団体である石川考古学研究会の，地道な遺跡保護活動が関与していることを見落せない。

　昭和 56 年，能都町教育委員会は調査団を発足させ，工事に先立つ詳細分布調査を実施した。その結果，平野各所に縄文～中・近世の遺物包含層が確認された。これをふまえ，翌 57 年（第一次調査）には，河川改修などで破壊をうける箇所約 1,300 m² を緊急発掘調査した。当初，縄文中期末および晩期の遺跡と考えられていたが，調査の進展に伴い，前期後葉から晩期後葉にかけて，連綿として営まれた並並ならぬ遺跡であることが判明した。また，最下層は田面下約 3 m にあるため，調査も困難を極めた。さらに，動植物質遺物の大量遺存も明らかとなった。

　これらに対処するため，今年度（第二次調査）は，調査団の充実をはかるとともに，鋼矢板の打ち込みや調査機器を増強するなど，面目を一新して調査にあたることとなった。

　発掘調査は本年秋には完了するが，遺跡の広がりを確認する調査や遺物整理は来年度以降に予定されている。

2　真脇遺跡の特色

　昭和 56 年の分布調査を行なうまで，1 片の縄文土器すら発見されていなかった真脇遺跡は，調査の進展に伴い，驚異的な側面をみせつけた。

　その第 1 は，地下約 3 m （一部で 4 m）におよぶ，各文化期のみごとな層序にある。地下約 1 m までの耕土床土と洪水礫層下面に，中世の杭列や古墳時代の不整形な溝を検出したが，その下の厚い縄文層は，本遺跡をもっとも特色づけているといってよい。ここには，縄文前期前葉から，晩期後葉までの文化層が順序よく堆積している。約 800 箱にのぼる多量の出土土器型式を一瞥す

ると，該期，北陸にみられる すべてのものが 認められる。土器整理が進めば，より詳細な土器編年や器種構成などが明らかになると期待される。型式を次に示すが，アンダーラインを付したものは，量がとくに卓越するものである。前期（蜆が森・福浦上層・朝日下層），中期（新保・新崎・古府・串田新・宇出津），後期（前田・気屋・酒見・井口），晩期（八日市新保・御経塚・中屋・下野）。なお，北陸以外の影響をうかがわせるものとして，諸磯 b，北白川Ⅱ b，同Ⅱ c や大洞 C_1 式土器なども散見されるが，まだまだ未整理の段階である。また，今年，北白川Ⅱ b 式土器を包含する層のさらに下層より，古様の小片を発掘したことを付記しておく。

　つぎに，沖積低地に立地することは，動植物質遺物を遺存させる要因となってきた。後期から前期までの層には，大量のイルカ骨が出土している。また，サメや他の魚骨も認められるが，陸棲獣骨は出土が少ない。前期末～中期初頭層からは，良好な人頭骨が出土している。

　植物質遺物では，クルミ・トチノミなども少量ながら出土した。木器や編物断片の出土もみたが，点数は極めて少ない。前期層出土の編物は，ち密な編み方をして，一定間隔ごとにストライプを強調している。このほか，縄文時代の住居・構築物の木柱根が出土しており，50 本以上の数にのぼる。この中には，直径 96 cm の大木を半割した，日本最大級のものが含まれる。木柱根の形状については，半割・板状・丸木の 3 タイプが認められ，なかでも半割のものが最も多い。半割されたものの中には，目途穴を穿ったものもあり，金沢市新保本町チカモリ遺跡の出土例[1] から，フジづるなどを通して，運搬したものであろうか。太さは，30 cm クラス・40～50 cm クラス・60 cm クラス・80～96 cm クラスに分けられそうである。また，礎板をもつものは，調査が進んでいない現時点であるが，4 本を確認している。木柱根のプランについては，後述したい。

　縄文人の精神生活をうかがわせる遺物も多彩である。石製品では，中期の炉址から数 m の所で，立てられた状態のまま出土した大形石棒が異様である。晩期の石刀や石冠も出土が多い。石刀では，頭部四面に「工」の文様を沈刻し，朱色の顔料をさしたものや，柄部を区画して，すべり止めの敲打を加えたものが注目される。御物石器は，能登では沈刻文様を施すものと，そうでないも

79

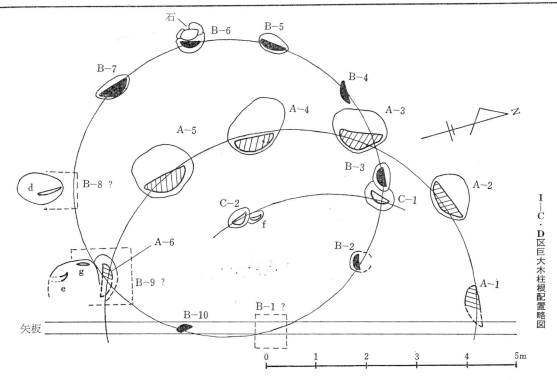

Ⅰ―C・D区巨大木柱根配置略図

のが知られるが，両型式の計3点が出土した。硬玉製管状玉は，交易により，糸魚川付近から運ばれたものであろう。他に，玦状耳飾や玉類もかなり出土している。

土製品では，耳栓・土偶・土製仮面・スタンプ状土製品などがある。土偶は中期中葉以降の層から，7体出土した。晩期の遮光器土偶の影響をうけた，中空土偶も出土している。頸部に3個の穿孔を施し，頭部をとりつけるとみられる，中期中葉の土偶も特記されよう。このほか，動物を形象した土器把手も出土しているが，これについては，まだまだ未整理の段階である。

3 土製仮面

縄文時代に仮面が存在したことは，よく知られている。貝製や，耳・鼻・口など，顔の一部を土で造る特殊例も報告されている[2]。

真脇遺跡出土のものは，右顔面と顎部を欠失しているが，なおかつ，仮面のかもし出す雰囲気がわれわれを圧倒する。後期前葉気屋式期層から出土したこの土製仮面は，現 長13.5 cm をはかる。鼻と眉を異常に高くつくり，顔面には，イレズミまたは魔よけなどの化粧と考えられる文様を描き，一種のすごみが感じられる。目と口があき，目尻下に紐通し穴を穿つ。復元長約 16 cm，同幅 13 cm になるとみられ，目の間隔からも，実際に顔に装着したものにちがいない。裏面は平坦になっている。

土製仮面は，東日本文化圏内に分布をみ，後期半ば以降に出現しているようである。この仮面は，分布の西限を画するとともに，最古級のものとして意義深い。

4 真円上に配置された巨大木柱根

真脇遺跡の遺構で注目されるのは，晩期の巨大な木柱根の配列であろう。直径 80～96 cm の半割された柱が，真円上に配置されていることが明らかとなった。これをA環と名づけたが，特徴は次の通りである。①近接する端部で 110～180 cm という，極めて接近した状態でたてられている。プランの直径は 7.4 m 程度とみられる。②矢板で切られているため，全ぼうは明らかでないが，柱数はほぼ 10 本程度と考えられる。③柱の弧の側を構築物の中心に向けている。④柱穴は円形もしくは楕円形で，柱を構築物の中心側へ寄せている。

このA環に重複して，50 cm 級の柱数7本以上（全部あれば 10 本程度）で構成されるB環，2本以上のC環のほか，不明の柱根も検出され，3回以上の建て替えが想定される。B環のプランは，6.3 m 程度の真円である。以上のものは，いずれも半割材をつかっている。

このような巨大木柱の出土例として，金沢市新保本町チカモリ遺跡[3]が知られる。真脇はこれに酷似することが指摘できる。機能・用途については後考にまちたい。

註
1) 南　久和氏の教示による。
2) 江坂輝彌「土製仮面の変遷」古代史発堀，3, 1974
3) 南　久和『金沢市新保本町チカモリ遺跡―遺構編』金沢市文化財紀要，34, 1983

●最近の発掘から

美豆良を残した終末期古墳——茨城県新治村武者塚1号墳

武者塚古墳発掘調査団

　1983年に入って間もなく，筑波大学教授増田精一の
もとに，古墳調査の要請が持ちこまれた。筑波大学と同
じ茨城県新治郡にある新治村が，村史編さん事業の一環
として実施を計画したものであった。

　新治村に限らず，かつてこの地方の台地上にあった古
墳の相当数が，大正7年筑波電鉄線開通工事に際して，
その封土を削りとられたという。このため昨今でも，一
見何の変哲もない畑地から，突如として石棺が掘り出さ
れたりする。村史編さん委員会の手で選定された古墳も
またこのような無墳丘の一つであった。

　私どもは，それがこの地域に多い「変則的古墳」の石
棺であろうとの予測のもとに調査体制を整え，3月22日
から4月11日の間，発掘調査を実施した。

1　遺跡の環境

　このたび調査を実施した地点は，桜川の沖積低地に南
西面する標高30mほどの台地縁から奥に，およそ200
m入ったところで，新治村上坂田字峰台1531番地に属
する。

　発掘地点西方の台地縁には，いまなお墳丘をとどめる
円墳が4基並んでおり，円筒埴輪片が採集されたりす
る。いっぽう，やや台地内部に入った一帯にも，かつて
石棺を出土したといわれる箇所が2，3あり，つい十数
年前にも発掘地点の北東およそ60mで組合石棺が掘り
出され，いま新治中学校に移築されている。

　これらの古墳は上坂田古墳群の名で登録（県遺跡番号
138）されているがその範囲も広いうえ，上記でもわか
るように，性格を異にする古墳群の集合体であろうと思
われる。私どもは，この地籍の旧地名を借り，台地内部
のそれらを武者塚古墳群と総称し，今回発掘した古墳を
その1号墳と呼ぶことにしたのである。

2　古墳の構造

　すでに述べたように，本古墳の墳丘は完全に削平され
ており，その旧状を知る術もない。その理由が，いわれ
るように土砂の搬出によるものか，あるいは永年の耕作
の結果なのか定かではないが，いずれにせよそれほど高
い墳丘が存在したとは考え難い。

　埋葬施設から四方に延ばしたトレンチによって見出さ
れた周湟から類推するなら，古墳は直径24mを前後す

る円墳だったと考えられる。ちなみに周湟は，上縁の幅
3～6m，ローム面からの深さ0.4～0.8mを測る立派
なものであった。埴輪・葺石がこの古墳に存在したとい
う痕跡は，全く見出されなかった。

　埋葬施設は，古墳の南北軸線上，中心から5mほど
南に偏した地下に設けられていた。これは，ローム層
中に深く穿った5×4mの墓壙中央に，ほぼ南北位
（N6°W）をとるように設けられた石室で，その天井石
はローム面とほぼ一致するように設計されていた。石室
は，筑波石の名で親しまれる板石（緑泥雲母片岩）を組
みあわせたもので，土浦市石倉山古墳群などに散見され
るそれに類似した，横穴式石室と組合石棺との折衷様式
というべき構造を有する。すなわち，2.04×1.58m，高
さ1.6mを測る玄室は前室に通じる南を除く3壁のす
べてが一枚石で構成され，両袖石と框石によって通じる
前室の3側壁もまた一枚石で築かれていた。1.08×1.0
m，高さ1mをかぞえる前室を羨道と呼ばないのは，そ
の南が開口することなく妻石で仕切られており，墓道を
も欠いていることによる。すなわち，この石室の場合，
遺体などの搬入は，天井石を開閉することによって行な
うしかない構造なのである。なお両室とも，天井石は各
2石，床面は破砕した板石敷きであった。

3　遺体・遺物の配置

　玄室の床は，遺存度が悪くほとんど粉と化してしまっ
た6体分の人骨によって，大部分が占められていた。う
ち5体は奥壁に頭を接するように並べられた北枕の遺体
で，西から1～5号人骨とした。うち3・4・5号人骨
は，伸展の体位に乱れが看取された。しかし，後述する
ように3号人骨には頭髪が残存していたし，5号人骨に
もその頸部と思われる部分から玉類一括が出土したか
ら，再葬によるというよりは追葬時の乱れとみる方がよ
かろう。東壁ぞいの6号人骨は，ただ1体だけ南頭位
で，5号人骨と入れ子状の配置をとっていた。これら
の性別・年齢などは目下のところ明らかではない。

　ところで，遺体の上には，相当量の布片が遺存してい
た。とりわけ2号人骨では，その頭部にまでこれが及ん
でいた。頭上の布を丁寧に剝がしたところ，驚いたこと
に，2号人骨の頭骨上には，生存時の姿をほうふつさせる
頭髪・口ひげ・顎ひげなどが，それぞれの部位に遺存し

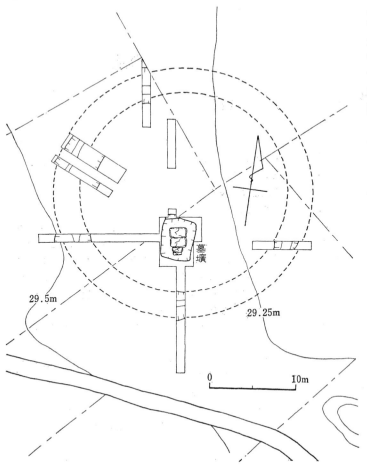

発掘区全図（……は周湟を模式的に表現したもの）

ていた。とりわけ，左頭側からは，きれいに美豆良に結いあげた毛髪一束が発見されたのであった。白髪まじりの初老の男の悲しさが伝わる思いであった。

人工遺物として玄室から発見されたのは，さきの5号遺体佩用の玉類一括と布片にすぎなかった。これに対して，前室には見るべき副葬品があった。まずその東壁ぞいには，鋒を南に向けた大刀2口，青銅製の杓1個，それに大刀の上に横たえられた銀製帯状金具が遺存していた。西壁ぞいにも3口の大刀が，鋒を南にして配されていた。これら東西両群の大刀のうち，各1口の飾り大刀だけは鞘付きであった。南壁ぞいには，鋒を西に向けた矢一束が置かれたらしく，尖根鏃と篠竹の一部とが見出された。

4 主要な遺物

頭髪について 古墳からまとまった量の頭髪が出土した例は，京都府産土山古墳や栃木県七廻り鏡塚古墳などにみられる。しかし，後者は副葬品類を納めた木箱から見出された3束の毛髪であり，被葬者のものではない。また産土山古墳では，埴製枕に遺存したものだが，髪形を知ることはできない。すなわち，本古墳の「美豆良」は，髪形をとどめた稀有の例といってよかろう。ほかに3号人骨に伴う毛髪を，増田は古典にみる「頂髪（タギフサ）」であろうと想定している。これが妥当な見解であるなら，2種の髪形を伝える例として，風俗史上の価値はきわめて高いということになろう。

大刀について 2口の飾り大刀のうち，西壁ぎわ出土品は三累環頭を有する。この種の柄頭としては，最も退化した型式のものである。もちろん鞘尻に蟹目釘などはない。東壁側から出土したのは，銀装の圭頭大刀であった。柄間にみる透彫も稀な例とすべきだろう。ともに黒漆塗の木鞘を伴っている。

東壁ぎわのいま1口の大刀の鐔に銀象嵌があることも特記されよう。

青銅製杓について 直角に折れ曲る柄の形態は柄香炉のそれに通じるが，もちろん柄香炉や火熨斗などとは区別されるべきものである。むしろ形の上では，平安時代以降に使われたとされる「銚子」とよぶ酒器に類似する。住居址出土例はあるらしいが，古墳からの出土は初例であろう。

銀製帯状金具について 用途は目下のところ明らかにしがたいが，全体から受ける印象は飛鳥時代諸仏の宝冠に類似する。古瓦に均正唐草文が採用されるのは7世紀末葉であるから，本例もそれを前後する時期の所産とみてよいだろう。

5 まとめ

武者塚1号墳は，霞ヶ浦周辺に散見できる特異な構造をもつ終末期古墳の一つで，およそ700年頃の所産としてよかろう。「美豆良」などの発見によって脚光を浴びたが，もちろんこれは，私どもが埴輪などにみられる同形の髪形を古典にいう「美豆良」と結びつけているだけのことであって，古代人がこの髪形をそう呼んだという確証はない。また被葬者がどのような立場の人物だったかは定かでないが，すでに高い仏教文化の影響を受けていた点も注目される。そのころ，僻遠の地にもいち早く新文化が侵透していたとみるのか，あるいは，この地域にこれを受入れる特殊な条件が整っていたとするのかなど，今後検討すべき問題が多い。整理の進行がまたれるところである。

（文責・岩崎卓也）

連載講座
古墳時代史
5. 5世紀の地域勢力(2)

県立橿原考古学研究所研究部長
石野博信

● 各地域の状況 ●

5世紀の9種の埋葬施設について，各地域ごとの多寡と墳丘の大小との関係を類型化し，表示すれば表6のとおりである。

(1) 南九州

南九州は，高塚古塚と結びつかない独特の埋葬施設をもつ地域である。ただし，同東部（宮崎県，鹿児島県東部）では前方後円墳がつくられ，割竹形木棺が採用された。これは，畿内勢力の進出と考えられており，その可能性は強いが，鹿児島県横瀬大塚山古墳のように箱形石棺を採用する大型前方後円墳（全長129m）があったり，唐仁古墳群や西都原古墳群の前方後円墳の墳形の多くがいわゆる柄鏡式であって畿内の前方後円墳と異なり，むしろ箱形石棺をもつ大分県七ツ森B号墳と類似する点など地域政権の主張がよみとれる徴証がある。唐仁大塚の舟形石棺は，北部九州勢力との連携を示すものであろう。

(2) 中九州西部——熊本県

熊本県では，割竹形木棺と舟形石棺が大型古墳の埋葬施設であり，数の多い肥後型横穴式石室は円墳の埋葬施設である。津袋大塚の長持形石棺が円墳であることは，宮城県経の塚古墳の場合と同様に在地勢力の強固さを示すものと理解できないだろうか。江田船山古墳の横口式家形石棺は，佐

表6 5世紀の各種埋葬施設分布状況

	南九州西部	南九州東部	中九州西部	中九州東部	北九州	山陽西部	山陽東部	山陰	四国北部	近畿南部	近畿北部	東海	中部	北陸	関東北部	関東南部	東北南部
地下式板石積石室	A₀																
地下式横穴		A₀	B₀		B₀												
初期横穴				B₀	B₀												
肥後型横穴式石室			A₂		B₁		(B₁)										
竪穴系横口式石室					A₁	(B₂)	(B₂)	B₁	(B₁)	(B₂)	(B₂)						
箱形石棺	(B₁)		A₁,₂	A₂	A₂	A₂	A₂	B₁	B₂	B₂	B₂			B₁	B₁	(B₁)	
箱形木棺			B₂							A₂				B₂			
舟形石棺	(B₁)?	(B₁)	(B₁)	B₁	(B₂)	(B₁)	B₁	A₁	(B)	B₁				A₁,₂	A₁		B₁,₂
長持形石棺	○?	(B₂)		B₁		B₁	(B₂)		A₁	B₁	B₂			B₁		(B₂)	
割竹形木棺	B₁	B₁?	○?	B₁?	○		A₁	?	○	○	○	○	○	?	○		

凡例 { A．当該地域の多数の埋葬施設　　0．高塚古墳の埋葬施設とはならないもの
　　　 B．当該地域の少数の埋葬施設　　1．大型古墳の埋葬施設
　　　　　　　　　　　　　　　　　　　2．中小古墳の埋葬施設

賀県東部，福岡県南部，熊本県北部に分布する地域性の強い石棺形態であり，上記の理解を傍証するかもしれない。さらに敷衍すれば，江田船山古墳大刀銘の人名を「復□□□歯」（反正天皇），あるいは「獲加多支鹵」（雄略天皇）と読解し，大和政権の統治機構を大きく解釈することについて，一層の慎重さを求めることとなろう。

（3） 中九州東部——大分県

大分県の大型古墳には，箱形石棺（築山古墳——前方後円墳・全長 90 m，御陵古墳——同・全長 75 m）と舟形石棺（臼塚古墳——前方後円墳・全長 85 m）がある。箱形石棺は，全長 50 m 前後の前方後円墳——野間1～3号墳や大蔵古墳の埋葬施設でもあって，あたかも海部郡首長層の中心的埋葬施設の観を呈するが，山間部の七ツ森B号墳にも採用されている。海部郡には，石甲をもつ臼塚古墳と下山古墳（前方後円墳・全長 57 m）がある。下山古墳と近くにある神下山古墳は，ともに古式の家形石棺をもち，大分県下最大の前方後円墳である亀塚古墳に近い王の瀬石棺も同形である。

5世紀の大分県下の首長層は，箱形石棺を主たる埋葬施設とするとともに，筑後，肥後と通ずる石甲や古式家形石棺をもつ。石甲が主要分布圏から離れた突然の出現であることからみると，筑肥との関連は一時的な現象であり，主たる勢力は箱形石棺を埋葬施設とする集団であったと思われる。

（4） 北部九州

5世紀の北部九州首長層の埋葬施設は，竪穴系横口式石室，肥後型横穴式石室，舟形石棺，長持形石棺，割竹形木棺と多種多様である。そのうち，北部九州に分布の中心を置くのは竪穴系横口式石室であり，他は移入した埋葬施設と考えられる。竪穴系横口式石室は近畿地方（奈良県ムネサカ4号墳）まで拡散しており，山陰（島根県金崎1号墳）と四国北部（愛媛県東宮山古墳）では首長層の埋葬施設となっている。筑紫政権の東方への拡張を示すものであろう。舟形石棺は必ずしも多くはないが，阿蘇石を通じて，四国北部（香川県），近畿と結びついている。

北部九州大型古墳の被葬者は，自己の埋葬施設をもち，一部，他地域の埋葬施設を採用した。福岡県月の岡古墳の長持形石棺被葬者が，畿内の人物とは考え難いし，在地首長が畿内政権の翼下に入り，畿内政権のために地域支配を推進したとも

考え難い。もしそうであれば，北部九州一帯により多くの畿内系埋葬施設が存在しなければならないだろう。岩戸山古墳が磐井の墓である蓋然性は高いが，磐井が前方後円墳に葬られたからといって，畿内政権に組みしたわけではない。

（5） 山陽・山陰・四国北部

山陽東部（岡山県）の大型古墳には割竹形木棺，長持形石棺，舟形石棺などが採用されているが，もっとも多いのは割竹形木棺のようである。割竹形木棺は，初期古墳の段階から近畿地方や北部九州で散発的に出現してくる。定形化以後の前方後円墳段階の割竹形木棺が近畿系のものであるとすれば，岡山県は埋葬施設に関しては近畿色の強い地域となる。その他の埋葬施設は，例数が少ない。

山陰では数は少ないものの舟形石棺と箱形石棺が大型古墳に採用され，長持形石棺が中型古墳の埋葬施設となっている特異な地域である。石馬をもつ鳥取県石馬谷古墳（前方後円墳・全長 90 m）や竪穴系横口式石室の金崎1号墳（前方後円墳・全長 32 m）の存在から山陰と北部九州の強い結びつき——地域政権相互の連携が考えられる[18]。

四国北部では，さきに述べたように舟形石棺が多く，棺材から北部九州との関連が考えられる。

（6） 近　畿

近畿の大型古墳には長持形石棺と割竹形木棺があり，中・小古墳には箱形木棺が多い。さきにみた，奈良県新沢千塚古墳群や兵庫県焼山古墳群のように，箱形木棺を主たる埋葬施設とする古墳群があり，中には豊富な副葬品をもつものも含まれている。このような古墳群は近畿以外ではみうけられない。近畿中・小古墳被葬者階層の一つの特色と考えられる。

（7） 東海・中部

この地域の大型古墳には，竪穴式石室，粘土槨——割竹形木棺が多いように思われる。長持形石棺や舟形石棺が認められないことが一つの特色であり，他の地域とは異なり単一の埋葬施設が流布した地域のようである。長野県の合掌式石室のような地域色の強い埋葬施設が出現するのは次の段階である。

（8） 北　陸

福井県北部には舟形石棺が比較的多く，箱形石棺もまた大型古墳の埋葬施設となる場合がある。山陰のあり方と共通するが，舟形石棺が中・小古

表 7 埋葬施設と地域勢力

	筑紫（山陰）		吉備（讃岐）		畿内	越前	毛野
竪穴系横口式石室	●	●	○	●	○		
割竹形木棺			●		●		●
長持形石棺			●				
舟形石棺			●			●	●
箱形石棺		●				●	●

墳にまで採用されている点では異なった地域性を示している。

（9）　関東・東北

関東北部（群馬県）では舟形石棺が多く，まれに長持形石棺と箱形石棺が大型古墳の埋葬施設となっている。関東南部は様相が異なり，舟形石棺や長持形石棺がなく，割竹形木棺が大型古墳の主流となっている。

東北南部は，類例は少ないものの舟形石棺が大型古墳により多く用いられ，2例ではあるが長持形石棺が中型古墳の埋葬施設となっている（宮城県経ノ塚古墳，山形県菱津古墳）。長持形石棺が大型古墳に用いられていない点では，地域色の強い熊本県や山陰に共通している。

● ま と め ●

5世紀の地域性について，埋葬施設を中心に検討した結果を要約すれば，つぎのとおりである。

A．独自の埋葬施設をもつ地域
0　拡散しない（南九州）
1　拡散し，他の埋葬施設を併存する（北部九州，山陽東部，近畿南部，北陸，関東北部）
B．独自の埋葬施設をもたない地域（東海，中部，関東南部）

A₀地域は地域性は強いが閉鎖的であり，A₁地域は自己の独自性を拡散している。B地域は受動的である。

地域勢力拡散の目は，A₁地域が荷うこととなろう（表7）。筑紫勢力は畿内へ（吉備勢力は畿内と連携をしつつ筑紫へ[19]），畿内勢力は筑紫——陸前の各地へ，讃岐，越前，毛野勢力は筑紫——陸前へ，それぞれ連合し，拡張している。この動きが，5世紀史の一端を伝えているとしても，詳細には各地域ごとの綿密な検討が必要であろう。

● 大和の中の地域勢力 ●

（1）　馬見古墳群の性格

前項までに，大まかに5世紀の地域勢力のあり方を検討してきたが，本項では具体的な事例の一つとして大和・馬見古墳群をとりあげ検討してみよう。

馬見古墳群は，古墳時代前・中期の大和の中で萱生・柳本・纏向古墳群と佐紀盾列古墳群に並ぶ大古墳群である。ただし，多くの人々が指摘しておられるように，前記2古墳群にくらべ古墳のあり方は散在的であり，その範囲も広い。

馬見丘陵の古墳を馬見古墳群と総称すれば，それは大きくみても3つの古墳群によって構成されている[20]。川合大塚山古墳を盟主とする北群（川合古墳群），巣山古墳を盟主とする中央群（巣山古墳群），築山古墳を盟主とする南群（築山古墳群）である。

森浩一氏は，1956年，馬見古墳群を葛城氏と結びつけて考えられた[21]。その根拠は，馬見古墳群は中期には巣山・築山古墳などの大型前方後円墳をもちながら後期には途絶えること，古墳群の消長が文献史学の検討による葛城氏の消長と一致することなどである。これに対し白石太一郎氏は馬見丘陵の古墳は「中期の比較的かぎられた時期の大型古墳が多く」，「いずれもその墳丘長が約200mで，その規模がほぼ伯仲していること」から，「葛城氏の代々の首長墓と考えるにはその時期が接近しすぎて」おり，「それぞれ独立する政治集団と考え」られた。そして，葛城地方では「いくつかの政治集団がそれぞれに独立しており，輪番的に首長権を握るような構造の政治体制」を想定された[22]。

これに対し森浩一氏は，「支配者集団の大半を

馬見古墳群に，そして特別の理由のある首長の古墳を南葛城に築いたとみる」ことによって，巣山古墳から室宮山古墳に及ぶ葛城地域に「大勢力」を想定された[23]。

白石氏は，馬見丘陵の大型前方後円墳が「中期の比較的かぎられた時期」に集中することを主張しながら，「輪番的に首長権を握るような構造」を想定されるのは矛盾であろう。森氏は，白石氏の指摘によって葛城氏の王墓の地を馬見古墳群に加えて南葛城の大型古墳を「特別の理由」を考慮して対象とされたが，川合古墳群は含めていない。

いま，森・白石両氏の見解を中心として，馬見古墳群に対する理解を紹介したが古墳群の範囲，その性格について意見の相違がある。その違いは，森氏が葛城地域を「奈良盆地での非やまとの範囲」とし，白石氏が「葛城地方の政治集団が，大和政権の首長権を掌握した時期があった」として葛城政権と大和政権の合体を想定されるところにまで及ぶ。

古墳時代前・中期の奈良盆地にはいくつかの地域勢力が存在していた。その一つ，葛城地域について両氏の見解の相違を踏まえて検討してみよう。地理的にまとまりのある一地域の中に複数の古墳群が存在する例は数多い。各古墳群が対立的であったか一体的であったかは，その地域の歴史を考える場合に重要である。

（2）古墳群の構成

南北約8km，東西約3.5kmの馬見丘陵は，間に2つの南北の谷筋があり，約100基の古墳は主に丘陵東縁と南縁に分布している。河上邦彦・前園実知雄両氏は，これを表8のとおり，川合・巣山・築山の3つの古墳群として認識された。そして，各群の最大規模の古墳が全長200mをこえる前方後円墳であること，各群に径50mをこえる大型円墳が存在することを指摘された。さらに，巣山・築山両古墳群はそれぞれ佐味田宝塚，新山の前期前方後円（方）墳を含み，古墳時代前期からの系譜をたどりうるのに対し，川合古墳群はすべての古墳が5世紀中葉と考えられ，他の2群

表8　馬見古墳群の構成

古墳群	前方後円墳	前方後方墳	帆立貝式古墳	円墳	方墳	計	時期
川合	3			4	1	8	5C中葉
巣山	8		2	15	2	27	4C末～
築山	6	3	2	40		51	4C末～

とは異質で急に現われたと思わる点を指摘された[24]。

近年，新山古墳の周辺に前方後円（方）墳を中心として2,3の陪塚をともなう小支群が新山古墳を含めて4単位存在することが泉森皎氏によって明らかにされた[25]。つまり，新山古墳は単独で存在するのではなく，古墳群の中の一支群として，言いかえれば，築山古墳群を形成する初期古墳群の一支群として出現したのである。

盆地東南部（山辺・磯城両郡）には，萱生・柳本・纒向の前期古墳群があり，それぞれ盟主墳と考えられる西殿塚，「崇神・景行陵」，箸墓に先行する前方後円墳が存在することが推測できる[26]。つまり，磯城・山辺古墳地帯と葛城古墳地帯はともに先行する地域勢力を背景として盟主墳とみられる大型前方後円墳が出現しているのであり，それぞれ独自の地域勢力の存在が認められる。しかし，両古墳地帯の盛期にはずれがあり，磯城・山辺が前期初頭から後半，葛城が前期後半から中期を中心としている。

のちの葛城郡の北部に前述の馬見古墳群があり，南部に室宮山，披上鑪子塚，屋敷山の3古墳がある。葛城地域の中の北部と南部の古墳の関係について，菅谷文則氏はつぎのような考えを示された[27]。

葛城山東麓の4世紀末から5世紀代に築造された3基の大型古墳は古墳群を形成することなく独立して築造されているが，各個がまったく個別的に築造されたものでない。大和西南部の大王墓にも匹敵する巨大古墳のうち新木山古墳と室宮山古墳はほぼ同世代の族長墓とみてよく，巣山古墳は同世代または少し遅れ披上鑪子塚古墳と平行しよう。ついで築山古墳と河合大塚山古墳などが同世代の族長墓であろう。屋敷山古墳は築山古墳にやや遅れるころの築造とみてよい。

これを整理すると葛城の地には4世紀後半から南北の2個の有力な族長（室宮山，新木山古墳）を擁していたとみてよく，4世紀後半には仮にいうなら南族が有力であったようである。つぎの世代では南族は墓所を玉手丘陵の東に求め（披上鑪子塚古墳），古墳も小規模化する。いっぽう北族は最有力期を迎え巣山古墳を営み，周辺に多数の前方後円墳群を形成する。その後，古墳群との関係をたち切って築山古墳が築造される。

このように理解するならば，葛城氏の族内のあ

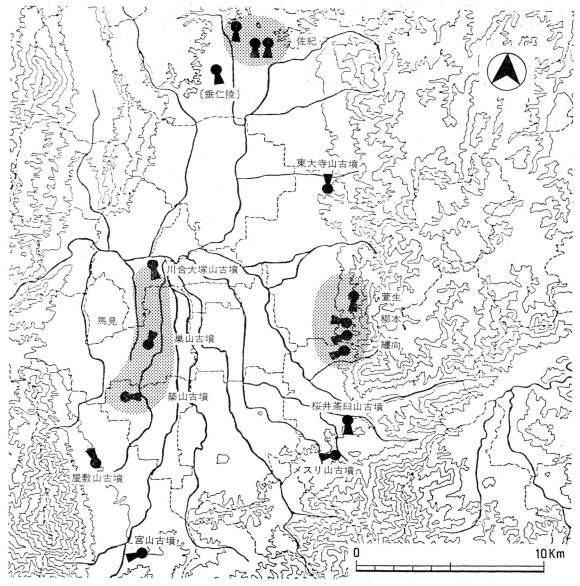

図13 奈良盆地の主要前・中期古墳

り方は両頭制といってもよく, 北族は族長権の確立とともに族員とも深い関係を有していたのであろうか。南族は, 室宮山古墳の被葬者を葛城襲津彦とみるならば, 北族に比して族長が強い力をもっていた。葛城山東麓には大型の古墳を認めえないことによって知ることができる。

菅谷氏の理解は, 葛城地域を南部と北部に区分し, 北部を大きく一つの群とみている。北部にはさきにみたように川合, 巣山, 築山の3古墳群があり, 後二者は先行する地域勢力を背景としている。したがって, 「両頭制」は, 「古墳群との関係をたち切って」成立するのではなく, 古墳群を背景として継起したものであろう。白石氏の首長権の輪番制という考え方も同様である[28]。

葛城南部の大型古墳が点在的であることについて, 菅谷氏は白石氏の室宮山古墳＝葛城襲津彦説を援用して, 首族長の強大な権力によって説明されたが, つぎの仮説を提示して結びとしたい。

磯城・山辺古墳地帯と葛城古墳地帯には, 古墳分布上, 不思議な共通点がある。前者では, 萱生・柳本・纒向3古墳群の南方に桜井茶臼山, メスリ山の2つの前方後円墳がそれぞれ単独で存在し,

91

後者では馬見丘陵の3古墳群の南方に屋敷山，室宮山の2つの前方後円墳がある。これら各古墳は，いずれも周辺に先行する古墳群をもたず，さらに後続する前方後円墳も明瞭ではない。両者に歴史的な共通性を見出しうるのか否か明らかではないが，桜井茶臼山古墳，メスリ山古墳は三輪山・大物主命伝承地の西南に，屋敷山古墳，室宮山古墳は葛城山・一言主命伝承地の東方に位置し，ともに並々ならぬ地主神の地域に当る。

両地域にあって，地域色を払拭するのは，磯城・山辺では前方後円墳だけから構成され，特殊埴輪をもたない柳本古墳群であり，葛城では突如として出現する川合古墳群である。

葛城地域は，古墳時代前期後半のある時期までは磯城・山辺大王家の下位にあった。前期後半に拮抗する勢力を貯え，中期中葉には大王権に近づいた。言いかえれば，大和政権の権力は，時期によっていくつかの地域勢力の間を揺れ動いたのである。

註

1) 河口貞徳ほか「別府原古墳・堂前古墳調査」考古学雑誌，57-1，1971

2) 小田富士雄「五島列島の弥生文化―総説篇」人類学考古学研究報告，2，1970

3) 福岡県春日市西平塚遺跡の棺内に土を充填する木棺直葬墓（弥生中期前半以前）は，埋葬思想としては共通している。
　秀嶋竜男『西平塚C地区』春日市教育委員会，1981。詳細は丸山康晴氏のご教示による。

4) 上村俊雄「南九州における古墳文化の諸問題I」鹿児島考古，7，1973

5) 石川恒太郎『地下式古墳の研究』帝国地方行政学会，1973
　『日向の古墳展』宮崎県総合博物館，1979

6) 瀬之口伝九郎「六野原古墳調査報告」宮崎県史蹟名勝天然記念物調査報告，1944

7) 田中　茂「地下式横穴出土の蛇行剣について」日本考古学協会昭和51年度大会発表要旨，1976

8) 『日向の古墳展』宮崎県総合博物館，1979

9) 柳沢一男「竪穴系横口式石室再考―初期横穴式石室の系譜」森貞次郎博士古稀記念古文化論集，1982

10) 註9)に同じ。原典は九州大学考古学研究室編『老司古墳調査概報』福岡市教育委員会，1969

11) 柳沢一男「肥後型横穴式石室考」鏡山猛先生古稀記念・古文化論攷，1980

12) 赤崎敏男「初期横穴墓の展開」竹並遺跡，竹並遺跡調査会，1979
　村上久和・吉留秀敏・佐藤良二郎『上ノ原遺跡群I』大分県教育委員会，1982

13) 田中晋作「武器の所有形態からみた古墳被葬者の性格」ヒストリア，93，1981

14) 寺沢知子「初期群集墳の一様相」考古学と古代史，同志社大学，1982

15) 高堀勝喜・吉岡康暢「古墳文化の地域的特色―北陸」日本の考古学，IV，河出書房，1966

16) 間壁忠彦・間壁葭子「石棺石材の同定と岡山県の石棺をめぐる問題」倉敷考古館研究集報，9，1974

17) 以上，8種類の埋葬施設を中心として5世紀の地域性を検討した。長持形石棺，長持形木棺，割竹形木棺（粘土槨）については畿内政権に関わる可能性があるものとして本稿の対象から除外した。木炭槨，礫槨については例数が少ないため扱わなかった。
　なお，長持形木棺とは，藤原光輝氏が「組合式木棺について」（橿原考古学研究所編『近畿古文化論攷』吉川弘文館，1962）で示唆されたもので，現在，竪穴式石室，粘土槨で割竹形木棺と考えているもののうちに長持形木棺がかなり含まれているのではないかと思われる。それは，おそらく古墳時代前期に盛行し，古墳時代中期には石におきかわるものと木のまま継続するものがあったと思われる。長持形木棺の実物と考えうるものは，奈良県桜井茶臼山古墳と大阪府土保山古墳にある。

18) 土生田純之「二基の『竪穴式石室』―横穴式石室の伝播に関連して」史泉，55，1981

19) 割竹形木棺は畿内系の棺とされており，私も現段階ではそのように考える。しかし，将来畿内の割竹形木棺とされているものの多くが長持形木棺であることがわかり，割竹形木棺は吉備を中心とすることが検証された場合を想定し，仮に示した。

20) 河上邦彦・前園実知雄『佐味田・坊塚古墳』奈良県文化財調査報告，23，1975

21) 森　浩一「古墳文化に現われた地域社会―畿内」日本考古学講座，5，1956

22) 白石太一郎「馬見古墳群について」馬見丘陵における古墳の調査，奈良県教育委員会，1974

23) 森　浩一「葛城王朝と馬見古墳群」古墳と古代文化 99の謎，サンポウブックス，1976

24) 註20) 文献34，35頁

25) 泉森　皎「広陵町新山古墳群」奈良県遺跡調査概報 1980年度，1982

26) 石野博信「大和平野東南部における前期古墳群の形成過程と構成」横田健一先生還暦記念古代史論叢，1976

27) 菅谷文則『新庄屋敷山古墳―調査のまとめ』62頁，奈良県新庄町，1975

28) 菅谷氏の「両頭制」と白石氏の「輪番制」はほぼ同じ考え方であろう。その先後は印刷物としては菅谷氏が早い。『馬見丘陵における古墳の調査』は事務上の都合で1974年の奥付としているが，実際の刊行は1977年である。

書評

斎藤　忠著
古代朝鮮・日本
金石文資料集成

吉川弘文館
B 5 判　694 頁
32,000 円

　斎藤忠博士が古代朝鮮半島及び日本の金石文拓本を多数所持されていることは広く知られていた。その拓本は，精拓であるばかりでなく，資料の文面のみに止どまらず，それを全体形との関連をも考慮して手拓したものであった。半世紀を超える研究歴をもつ博士は，半島及び日本において埋蔵文化財，そして大学において考古学教育にあたられてきたが，その間在地性の強い金石文資料の調査を意欲的に試みられてきたのである。その結果が，わが国有数の古代金石文拓本の所持者として関係者間に令名を博するにいたった。したがって，その拓本はきわめて学問的にも価値高いものであることが容易に推察されていた。このたび，その一部を核にした表記の書が刊行されたことは研究者にとって歓迎されるものであるといえよう。
　本書は，全体が次の5部より構成されている。
第一部　古代朝鮮・日本金石文対照年表及び主要金石文原文，関係図版　第二部　古代朝鮮・日本金石文拓本集録　第三部　古代朝鮮・日本金石文所在地一覧　第四部　古代朝鮮・日本金石文参考文献一覧　第五部　古代朝鮮・日本金石文古文献集録
　対象資料は，古代朝鮮においては「統一新羅の終末―景哀元年（924）」，日本もそれに対応させて「醍醐天皇の延長二年」までである。
　第一部は，右頁に年表，左頁に原文と図版を配し，対照に便ならしめる工夫がなされ，さらに，左頁は上段に朝鮮，下段に日本の資料を掲げている。このような年表は先人によって試みられたこともあるが，現時点における既知資料が網羅されていることはきわめて有用であり，研究者に益するところ多大である。
　第二部は，本書刊行の大きな意図となった博士所蔵拓本を収録したものである。朝鮮関係のものに赤城碑・辛亥年銘南山新城碑（2）・口寅年銘百済砂宅智積碑・断石山上人巌造像記石刻・新羅武烈王陵碑片・新羅金仁門碑・壬申年銘誓記文刻石・新羅聖徳王梵鐘・新羅誓幢和尚碑・慶州栢栗寺石幢の11拓，日本関係のものに甲寅年銘金銅釈迦像光背・宇治橋断碑・戊午年銘旧観心寺阿弥陀如来像光背・山ノ上碑・戊戌年銘京都妙心寺梵鐘・那須国造碑・若舎人銘石櫃・威奈大村墓誌金銅蔵骨器・下道圀勝圀依母夫人墓誌銅製蔵骨器・伊福吉部徳足比売墓誌銅製蔵骨器・多胡碑・佐井寺僧道薬墓誌銀版・阿波国造土製小碑・金井沢碑・山代真作墓誌金銅版・多賀城碑・宇治宿禰墓誌銅版・高屋枚人墓誌砂岩版・宇智川磨崖経碑・紀朝臣吉継女墓誌塼版・天復四年銘新羅松山村梵鐘の21拓，合計32拓であるが，それらの多くは，全体拓と併せて部分実大拓が掲げられている。実大拓のもつ研究的価値については当然のことながらきわめて高いものであり，資料の活用に資する点が大きい。
　第三部は，朝鮮と日本にわけ，それぞれ伴名・所在地または出土地・所蔵または保管施設が列記されていることは便利であり，金石文地名表として活用されよう。
　第四部は，関係の文献目録であるが，朝鮮と日本にわけ，それぞれ一般・項目別となっている。かかる文献目録は，第三部の所在地名とともに金石文研究の基礎資料であり，研究者にとって大変有難いものである。
　第五部は，関係資料についての近世の文献を考証的なもの，地誌，旅行記事，随筆の順に収録したものであり，先人の知見を窺うことができる。
　このように五部構成の本書は，中核をなす第二部に加えて，年表・所在地・文献目録・先人の研究録が配され，まさに古代朝鮮・日本の金石文資料の総覧ということができる。本書によって古代金石文の研究資料を座右に一本として置くことができることは喜びにたえない。金石文の研究者のみでなく，古代史及び考古学の研究者にとっても便利有用なものであり，その活用が期待される。さらに注意すべきことは，本書が旧漢字をもって組まれていることであり，これまた金石文の基礎文献としてきわめて特色あるものとなっている。また，本書には，日本出土の木簡資料も収録されているが，それは博士の識見の一端を示すものと思われ興味深い。
　金石文の研究は，改めて指摘するまでもなく，古代史の研究にとってはとくに重要な分野であり，内外の多くの先学によって集成的研究がなされてきていたが，本書は現時点におけるそれの到着点としての役割りをも示すものであり，今後における金石文研究の立脚点ともなるであろう。とかく，個人の研究資料として篋底に埋まる性格をもつ拓本が，かかる形で公けにされたことに対して，金石文資料に関心をもつ一人として博士の高配と決断に敬意を表したいと思う。
（坂詰秀一）

書評

加藤晋平・小林達雄・藤本強編
縄文文化の研究 9
縄文人の精神文化

雄山閣出版
B5判 274頁
3,000円

「縄文人の精神文化」とは，たいへん魅力的なテーマである。従来はとかく，信仰に関係すると考えられる施設や道具，あるいは習俗などが主な対象として取り上げられてきたのは，縄文人の思考に対する研究の現段階ではやむを得ないと思われるが，この『縄文文化の研究』シリーズの編集者の一人であると同時に，本巻の総論を執筆している藤本強氏のめざす分野は，さらに広く，奥行もまた深い。藤本氏によれば，例えば，集落を構成するそれぞれの場を配置し，利用したのは，それを遺した人々の精神であり，あるいは編年にしろ生業にしろ，究極的にはそれに係わりをもった人々の精神的側面に踏みこまないことには，問題の根本的な解決にならないとする。縄文世界の森羅万象，ことごとく縄文人の「心」に係わっているのである。文章に書いてみると至極もっともなことであるにしても，いざ実地にどう研究を進めたらよいのかというと，問題は決して簡単ではない。

藤本氏はいう。これからの考古学の研究は，基礎的な認識である「いつ」「どこで」から出発して，「なぜ」「どのようにして」に進み，さらに「だれが」「なにを」という設問に対しても回答できるような可能性を探っていく必要がある。それには単に物質的な側面を分析していくだけでは満足な結果は抽出できないのであって，どうしてもそこに精神的な側面を重視し，加味した方向が期待される。しかし，精神的側面の考古学的な証明は，常に間接的にならざるを得ない宿命がある。したがって，ある仮説がある視点から提示されたとしても，立場を異にした検証はもちろんのこと，さらに現在もっとも求められるのは，今までとられていたような形での「もの」に対する観察ではなく，非常にこまかい種々の「クセ」を手懸りにして，分析を加えていくことなのである。近年，縄文社会の構造に関する林謙作氏と春成秀爾氏の業績が高く評価されるのは，埋葬の頭位方向，または抜歯の形式という縄文人の精神的側面

の緻密な分析にその手段を置き，しかもそのような分野の問題を扱う通常の手法の欠点を克服しているからである。縄文人の精神的側面は，今後一層巾広く，より広義に把えられ，縄文文化解明のための期待される分野になっていくべきである，と。

ひるがえって本書の構成をみると，そこに掲げられる項目は，藤本氏自身も満足していないように，依然として縄文人の広義の信仰に関係する範囲に止まっている。しかしながら，当初にも述べたが，考古学研究の現状で，本巻のテーマにふさわしい真の内容を整えるのは，なお望蜀の感があり，各事項を分担した人たちに何ら関係の存するところでもない。一読すると限られた紙面の中に，「いつ」「どこで」という基本はいうまでもなく，学史上の取り扱われ方，現在の問題点，そして将来への展望をも含めた論点がそれぞれ過不足なく説き及ぼされていることがわかる。これまでの同じ題目に関する講座ものとしては，もっとも先端的な成果の提示をそろえた出色の構成といえるだろう。

いうまでもなく，この巻で取り扱う過半の事項は，編集の任にも当っている小林達雄氏の「第二の道具」論に由来している。実用の道具と技術の効果をより確実にするために，縄文人が信じた手段にまつわる諸現象である。だが，何をもって実用の道具とし，何によって「第二の道具」と認定するのか，個々の場合に当ってみるとその区別は必ずしも明瞭でない。本書における採用事項の選定についてもいえることである。

一般に縄文社会においては，日常的な，言葉を換えれば生存に直接関連する実用の「もの」と，それに対する非日常的な信仰上の「もの」の観念上の区別は錯綜するのが常である。強いていうことが許されるならば，「ハレ」と「ケ」の世界が混融しているのである。だから機能・用途と直接関係のない各種の修飾が実用の道具にも加えられ，その度合が強調されるに従って，次第に実用をはなれた儀器としての属性が濃くなっていく。個々の執筆項目の中には，そのような視点を考慮したものもあるけれど，未だ充分ではない。

以上のような原則的な問題は，総論の中で，あるいは別項をたてて採り上げられ，触れられて然るべきではなかったのか，と感じている。

〔目 次〕総論／墓制（墓制成立の背景／配石／環状土籬／甕棺葬）／第二の道具（土偶／岩偶／土版／岩版／三角形土版・三角形岩版／三角壔形土製品／有孔球状土製品／石冠・土冠／石棒／石剣・石刀／青竜刀形石器／土製耳飾／翡翠大珠／貝輪／身体装飾）／埋甕

（永峯光一）

論 文 展 望

選定委員（五十音順・敬称略）　石野博信　岩崎卓也　坂詰秀一　永峯光一

阿子島香

ミドルレンジセオリー

考古学論叢 Ⅰ

p. 171～p. 197

1960年代に声高に主張された「ニューアーケオロジー」は，実は旧体系への反発・反乱の運動であって，自らの確固たる方法論をもっていたわけではなかった。反発と模索との混乱の中で，演繹的論理法，システム理論，新進化主義を柱とする「プロセス学派」が形成されてきたが，大きな問題が未解決であり，1970年代の転換に至る。考古資料の分析が提示できるのはあくまで事実であり（コンピュータも理化学的分析も），研究者が歴史発展のプロセスや文化の性質の仮説を検討するには，理論と事実との間をつなぐ，架け橋が必要である。それはいかにして得られるのかという問題であった。「ムステリアン問題」は，中期旧石器時代のムステリアン諸遺跡の石器組成差のパターン（事実）はどうして生じたのか（解釈）をめぐる論争だったが，一方の当事者のビンフォードはこれを契機にして，考古学者自身の手による民族調査（エスノアーケオロジー＝民族考古学）へと方向を転換させていった。数年にわたるアラスカでのヌナミウト・エスキモーの調査は，カリブー狩猟民の行動そしてそれがどういう現代の考古資料を発生させるのかについて，さまざまな新知見をもたらした。民族学と考古学とがいかに統合され得るかという方向をみごとに示した画期的な研究であったといえる。考古学の資料とは常に現在に存在し，かつ静止している。それを過去のダイナミズムに変換・翻訳するための方法論が「ミドルレンジセオリー」である。考古資料の形成過程についての法則は，過去であれ民族誌的現在であれ同一であるとの斉一説を前提とする。考古資料を分析すればパターンを抽出できるが，それが何を意味しているのか解き明かす基準をつくる方法論なのである。この理論は帰納的立場をとる日本先史考古学の盲点に対して，非常に大きな問題を提示するものである。

なお，『考古学論叢』は芹沢長介先生還暦記念論文集として寧楽社（東京都文京区本郷1-12-6，定価10,000円）から発行されている。

（阿子島香）

宮本長二郎

関東地方の縄文時代 竪穴住居の変遷

文化財論叢

p. 3～p. 38

竪穴住居の発掘遺構数は，未発表のものを含めて全国で数万を越えるものと思われる。しかも，これらの住居址は地域的・年代的に遺構数が偏り，また，同時代での地域差が大きく認められるため竪穴住居の変遷を全国的な傾向として分析することは不可能に近い。

本論では，そのような偏向が少なく，遺構数の多い関東地方についての竪穴住居の編年指標を作成することを目的とし，これを基準にして全国的な規模での建築文化の交流・社会の変化を読み取ることが可能と考えた。

関東地方の縄文時代にかかる179遺跡，1,452棟の竪穴住居址について，時代別に遺跡ごとの平均面積，床面積別・炉型式別・主柱本数別棟数，周溝・壁柱の有無などを分析し，これを早期から晩期まで20小期別に集計した。

この集計表に基づいて，各時期の竪穴住居の構造形式を復原し，その特徴・変化について考察を加えた。この集計表によって得られた最も大きな成果は，住居の規模・棟数の変遷に盛衰を繰り返す一定のサイクルが認められ，その衰退期に，縄文時代早期・前期・中期・後期・晩期の各変質期と合致することである。これは，各変質期に訪れた寒冷気候によるものと想定したが，早期から前期，中期から後期への変質は，建築構造的に全く異質であり，外的な文化的影響も考えられる。また，土器形式による時期区分に基づく住居の変質期は，縄文時代各期とも，一小期先行して次代の様相を先取りしており，縄文時代文化の変遷を考える上で興味深い問題を提起している。　　　　（宮本長二郎）

柴田　稔

横穴式木芯粘土室の 基礎的研究

考古学雑誌　68巻4号

p. 1～p. 40

カマド塚とよばれることの多い横穴式木芯粘土室（略称粘土室）は，後期の古墳の埋葬施設として用いられている。構造は，墳丘内に木組の小屋を作り，粘土で被覆し横穴式の部屋としているが，一部には粘土を使用しない例もある。また，木組の構造や，室の形態にもバラエティがみられる。このような例は全国で約30例発見されているが，その半数は埋葬施設や遺体が火を受けている。カマド塚とよばれる所以であるが，一方では火を受けていない例も少なくない。

横穴式木芯粘土室の名称は，水野正好氏が一時期使用したものであり，他のいくつかの名称のなか

で最もふさわしいという結論を得たため用いている。

さて，これらの粘土室は，渡来系氏族との関連や，仏教の火葬との関連で検討されることが多く，後者を肯定する研究者は多い。しかし，いずれの結論も理論化の過程に矛盾があり，かつ現時点での資料は，それを解決できない。

したがって，今回の基礎的研究は，粘土室の被葬者を，粘土室個別にみられる特徴から想定する方向はとらず，粘土室を埋葬施設とした古墳が，古墳文化のなかでいかなる位置づけができるかという点を重視した。このことは，粘土室が古墳時代にあっても後期に属し，群集墳盛行の時期の埋葬施設である点から，群集墳を重点的に検討することとなった。

しかし，粘土室は，知名度が低く，分布，数量，築造時期などにおいて，今後現在確認されている事実を大きく補正する可能性が指摘できることもあって，充分な結論を得ることができず，問題点の羅列にとどまった。問題点はいずれ解決しなくてはならないが，類例の増加傾向なども鑑みて，後期の古墳文化研究にとって不可欠な資料となることは充分に予察できる。

（柴田　稔）

斎藤孝正

猿投窯成立期の様相

史学（名大）29号

p. 169〜p. 203

東海地方における須恵器生産は猿投窯の東山 48(218-Ⅰ）号窯や尾張旭市城山 2・3 号窯の発見により従来よりさらに遡ることが判明し注目されるようになったが，このたびこれらに先行する東山 111 号窯が発見された。調査は灰原末端部の $4 m^2$ ほどであったが，比較的まとまった資料が得られ，それらには次のような特徴がみられる。

①杯身に羽釜形に近いものと扁平な体部に長く直立するたちあがりを有するものがある。②無蓋高杯のスカシ窓が7方・9〜10 方と数が多い。③有蓋高杯の蓋の口縁部外面に櫛描波状文を施すものがある。④壺に平行叩きの後，指ナデまたはヘラによる凹線を施したものが多数存在する。⑤円筒埴輪と土師器台付甕が共伴する。

本窯は陶邑窯Ⅰ-1 段階（新）に対比されうるものと考えられるが，凹線文壺が存在する点などから，宮城県大蓮寺窯などとともに陶邑窯とは異なる系譜が想定され，朝鮮半島釜山周辺地域が注目される。また，本窯を含めたⅠ型式の古窯が瑞穂・熱田台地に存在する古墳群を眼下にできる山崎川水系の丘陵上に集中して立地する点などから，当古墳群の首長層の関与が示唆される。一方，本窯に先行する遺物が名古屋市正木町貝塚・志賀公園などから出土しているが胎土・手法などより地元産と考えられ，本窯の操業がさらに遡るか，または別の先行する古窯が存在する可能性が強い。今後の調査が期待される。

（斎藤孝正）

佐原　真

食器における共用器・銘々器・属人器

文化財論叢

p. 1143〜p. 1162

食器には，食事を共にする何人かが共同で使う「共用器」と，食事を共にしていても，各自それぞれが使う「銘々器」とが区別できる。また，日本や朝鮮半島の銘々器には，特定のある人だけが使うことがきまっている「属人器」の存在が目立っている。この見方で先史時代から現在にいたる食器を扱うことを提唱した。以下，本稿の章・節・小見出しを列挙することによって内容の紹介に代えることにしたい。

Ⅰ　共用器・銘々器　1食器の概念（調理容器・食器・卓膳具　日常用食器・祭儀用食器）　2共用器・銘々器の実態（共用器・銘々器の役割と呼称　現代日本の共用器・銘々器　煮炊容器との兼用　共用器・銘々器の峻別　祭儀用食器の共用器・銘々器　卓膳具における共用・銘々）

Ⅱ　共用器・銘々器の成立　1両者不使用・一者使用・両者使用（日本における3つの場合　世界における3つの場合）　2共用器・銘々器の起源（考古資料による共用器・銘々器の認定　最古の銘々器　縄紋土器と世界の先史土器では　ヨーロッパ瞥見）

Ⅲ　銘々器の属人性　1日本・世界の属人器（銘々器の一時的属人性　銘々器の恒常的属人性——属人器　欧米および中国の銘々器の属人性　日本の属人器　朝鮮半島の属人器　スリランカ・蘭嶼・蒙古の属人器　属人器の役割　属人器の儀礼）　2属人器の成立（銘々器から属人器へ　木椀から茶碗へ　木椀・漆椀の属人器　弁垸勿他人者）

なお，共用・銘々・属人の概念が，食器のみに限らず，各種の道具や武器・武具等々にも適用できる可能性を付記した。

なお，『文化財論叢』は奈良国立文化財研究所創立30周年記念論文集として同朋舎出版（京都市下京区中堂寺鍵田町2，定価29,000円）から発行されている。

（佐原　真）

文献解題

池上　悟編

◆**文化財論叢**　奈良国立文化財研究所創立 30 周年記念論文集刊行会刊　1983 年 3 月　B 5 判　1278 頁

関東地方の縄文時代竪穴住居の変遷……………………宮本長二郎
遠賀川式土器における木葉文の展開………………………工楽善通
「布留式」土器の再検討
　…………………………井上和人
方格規矩四神鏡系倭鏡分類試論
　……………………………田中　琢
甲冑出土古墳の研究……小林謙一
部民制再考………………狩野　久
陶邑・猿投・牛頸………西村　康
土師器の地域色…………西口寿生
飛鳥寺創建諸説の検討…坪井清足
後期古墳と飛鳥白鳳寺院
　…………………………山崎信二
斑鳩地域における地割の再検討
　…………………………岩本次郎
法隆寺天智 9 年焼亡をめぐって
　…………………………岡本東三
軒瓦製作技法に関する二, 三の問題………………………金子裕之
飛鳥猿石考……………猪熊兼勝
古代寺院の造営と工人の移動
　…………………………大脇　潔
評・郡衙の成立とその意義
　…………………………山中敏史
日本庭園成立前後の問題
　…………………………加藤允彦
藤原宮域の開発…………木下正史
日本古代における犠牲馬
　…………………………土肥　孝
7 〜 9 世紀の土器製塩…岩本正二
8 世紀造宮宮司考………今泉隆雄
平城宮の大膳職・大炊寮・内膳司
　…………………………立木　修
奈良時代庭園における眺望行為の特性……………………本中　真
古代庭園の植生復元……光谷拓実
贄貢進についての再検討
　…………………………鬼頭清明
米の輸貢制にみる律令財政の特質
　…………………………佐藤　信
古代稲倉をめぐる諸問題
　…………………………松村恵司

興福寺式軒瓦……………森　郁夫
恭仁宮文字瓦の年代……上原真人
東大寺大仏殿金銅八角燈籠中台の毛彫紋様と鋳造………伊東太作
古代における建造物移築再用の様相………………………岡田英男
小さな建築………………松本修自
古代窯業生産の展開……巽淳一郎
良弁と東大寺別当制……加藤　優
番付考……………………清水真一
畿内における土釜の製作と流通
　…………………………菅原正明
大和地方出土の瓦器をめぐる二, 三の問題………………川越俊一
上醍醐御影堂史論………山岸常人
階隠考……………………亀井伸雄
絵巻物にみえる器類と考古資料との比較研究序論………安田龍太郎
熊野三山の経塚…………杉山　洋
中世の大和における住屋放火
　…………………………清田善樹
東大寺文書の起請文……綾村　宏
切妻造における組物の発達
　…………………………細見啓三
近世初期における熊本地方の分棟型民家…………………吉田　靖
日本考古学と時代区分…山本忠尚
多鈕細文鏡再考…………岩永省三
新羅積石木槨墳考………毛利光俊彦
清岩里廃寺と安鶴宮……千田剛道
新羅の都城制……………佐藤興治
瓦の字義にみる古代中国の造瓦技術と瓦起源についての一考察
　…………………………松沢亜生
南斉帝陵考………………町田　章
ハンガリー新石器時代土器に関する小論…………………中村友博
C．J．トムセンの時代…岩本圭輔
食器における共用器・銘々器・属人器……………………佐原　真
歴史的環境地区における建築活動のコントロール………上野邦一
遺跡修景学序説…………安原啓示
遺跡の整備手法の分類と評価
　…………………………田中哲雄
遺跡整備材料の基礎的性質
　…………………………内田昭人
青銅遺物の組成とサビ…沢田正昭

出土鉄器脱塩処理法の研究
　…………………………秋山隆保
近接写真測量における錯視の問題
　…………………………木全敬蔵

◆**瀬棚南川**　瀬棚町教育委員会刊　1983 年 3 月　B 5 判　914 頁

　北海道の西南に派出する渡島半島の中央部に当る瀬棚郡瀬棚町の西流して日本海へ注ぐ後志利別川右岸河口の砂丘上に立地する遺跡である。竪穴住居址 11 軒, 竪穴状遺構 6 基, 多数の石器とともに土器を副葬する土壙墓 39 基, 石器の工房址と想定されるもの 35 基を含み, 貯蔵穴と思われるものをも含むピット 74 基が検出されており, いずれも続縄文・恵山式期の所産である。

◆**史跡根城跡発掘調査報告書Ⅴ**—八戸市埋蔵文化財調査報告書第 11 集　八戸市教育委員会刊　1983 年 3 月　B 5 判　242 頁

　青森県の東端部, 太平洋に注ぐ馬淵川下流右岸の八戸市に位置する根城跡のうち, 昭和 56・57 年度に行なわれた東構地区の約 6,000 m² の調査報告である。城郭が機能していた 14 世紀より 17 世紀にかけての主体的な遺構は, 12 棟の掘立柱建物跡と 38 基の竪穴遺構である。前者は身舎の梁間 3 間を基本として庇を有する大形のものを含み, 後者は長方形の短辺の一方に入口部を設ける 6〜34 m² の規模のものである。その他では 7 世紀より 10 世紀にかけての竪穴住居址 57 基が主体をなす遺構である。

◆**平鹿遺跡発掘調査報告書**—秋田県文化財調査報告書第 101 集　秋田県教育委員会刊　1983 年 3 月　B 5 判　341 頁

　秋田県の南部, 北流する雄物川により形成された横手盆地の南東隅に当る平鹿郡増田町に位置する遺跡である。縄文時代晩期の土壙 127, 土器棺 30, 配石遺構 11, 弥生時代の土壙 1, 平安時代の住

居址3などが検出され，主体は縄文時代晩期のものである。多数の土器・石器の他に土製品として土版・土偶・石冠状土製品・円柱形土製品などが出土している。

◆**佐倉市立山遺跡**　千葉県文化財センター刊　1983年3月　B5判　304頁

千葉県北部の佐倉市に位置し，印旛沼に注ぐ鹿島川により開析された台地上に立地する遺跡である。先土器時代の遺物も若干検出されているものの主体は7世紀代を中心に築造された土壙を主体部とする古墳5基，6世紀後半から8世紀にかけて築造された円・方形周溝墓27基，土壙17基などである。

◆**中平遺跡**　浜松市教育委員会刊　1983年3月　A4判　416頁

静岡県西端部の，東を天竜川，西を浜名湖，北を都月川によって画された三方原台地の南端の浜松市西鴨江町に位置する遺跡である。弥生時代より中・近世にまでおよぶ遺構が検出されており，このうち主体をなすのは弥生時代後期より古墳時代前期にかけての竪穴住居址165軒である。この他には墳丘を削平された6世紀後半より7世紀にかけての古墳7基，中・近世の土壙墓53基などである。

◆**長行遺跡**―北九州市埋蔵文化財調査報告書第20集　北九州市教育文化事業団埋蔵文化財調査室刊　1983年3月　B5判　305頁

福岡県の北端部，北流する紫川の中流域の左岸，北九州市小倉南区に位置する遺跡である。縄文時代晩期の貯蔵穴と想定される土坑36基と該期の多量の土器が出土し，さらに弥生時代前期に営まれた水田・井堰遺構が検出され，土器の他に鍬・鋤・杓子・櫂状木製品が出土している。

◆**北奥古代文化**　第13号　北奥古代文化研究会　1982年11月　B5判　68頁

岩手県における後北式文化
　　　……高橋昭二・武田良夫
東北地方北部の土師器と古代北海道系土器との対比……高橋信雄
下北半島における北海道系土器の遺跡………………橘　善光
続縄文土器編年をめぐる諸問題
　　……………………中村五郎

◆**まんぎり**　創刊号　まんぎり会　1982年12月　B5判　50頁

置賜地方の古墳―南陽市周辺の古墳を中心として………佐藤鎮雄
置賜地方の古墳〜方形周溝墓と大型古墳を中心として
　　……………………川崎利夫
比丘尼平遺跡第2次発掘調査概報
　　……………………手塚　孝
戸塚山第137号墳の発掘調査について………………金子正廣
米沢市田沢地区周辺出土のハンドアックス形石器
　　……加藤　稔・菊地政信

◆**東北学院大学論集**　第13号　東北学院大学文経法学会　1983年3月　A5判　214頁

中国嶺南の考古学………加藤　孝

◆**しのぶ考古**　第8号　1983年3月　B5判　48頁

阿武隈山地を中心とした縄文時代前期初頭土器編年について―牡丹平2群1類土器を中心として
　　……………………山内幹夫
阿武隈川流域における古墳時代中期の土師器とその問題
　　……………………高橋信一
福島県における縄文前期の有孔土器―平田村芝山遺跡出土の資料をめぐって………長島雄一

◆**峰考古**　第4号　宇都宮大学考古学研究会　1983年3月　B5判　74頁

長峰横穴群調査報告……久保哲三

◆**下野考古学**　第5号　下野考古学研究会　1982年12月　B4判　30頁

壬生町恵川西岸の遺跡
　　……………………青木康浩
宇都宮市羽黒山付近の遺跡調査報告……………………大関利之
宇都宮市下欠亀塚古墳の埴輪
　　……………………内山敏行
壬生町上田西金剛地遺跡の資料紹介……………………武蔵健三
宇都宮市行人台遺跡採集の蔵骨器
　　……………………五十嵐利勝

◆**小山市史研究**　第5号　小山市史編さん専門委員会　1983年3月　A5判　124頁

いわゆる仿製方格T字鏡について―桑57号墳出土の一面の小形仿製鏡を追って……松浦宥一郎
遺跡出土植物遺体について―小山市乙女不動原北浦遺跡を中心として………………三沢正善

◆**利根川**　第4号　利根川同人　1983年3月　B5判　14頁

「如来堂」事情………鈴木正博
中妻貝塚出土の縄文晩期安行式土器………矢野文明・高橋伸子
羽生市雷電社遺跡の千網式土器
　　……………………坂本　彰
板倉町辻遺跡出土の弥生式土器
　　……………………宮田　毅
加須市大越出土の土師器
　　……………………坂本　彰
大泉町松原遺跡出土の土師器
　　……………………石関伸一

◆**茨城県立歴史館報**　第10号　茨城県立歴史館　1983年3月　B5判　124頁

北関東弥生式土器の成立
　　……………………杉原荘介

◆**埼玉考古**　第21号　埼玉考古学会　1983年3月　B5判　74頁

集落分析の一視点―入口と集落の道………………高橋一夫
埼玉県比企丘陵における後・終末期古墳―特に截石切組積古墳の地域的特徴…………田中広明
深谷市旧桜ケ丘女子高校構内出土の弥生式土器………栗原文蔵
浦和市馬場小室山遺跡出土の人面画付き土器
　　……青木義脩・小倉　均
中里前原遺跡群にみる弥生時代後期集落……秦野昌明・柴崎弥生

◆**研究紀要**　第5号　埼玉県立歴史資料館　1983年3月　B5判　114頁

埼玉における古代窯業の発達（5）
　　……………金子真土・石岡憲雄
四十坂遺跡の初期弥生式土器再論
　　……栗原文蔵・石岡憲雄
埼玉県出土の中世陶器（2）
　　……………………浅野晴樹

◆**法政考古学**　第8集　法政考古

学会　1983年3月　B5判　73頁

遺跡にみる拡散化現象について—北上川中流域における縄文時代中期を中心として……佐々木彰

福島県浦尻台の前貝塚における貝類採集活動の復元……石川隆司

宮ノ台式にみられる楕円文をめぐって……泉谷憲俊

養老令制考選法について
　　　　　……斎藤　融

福島県浪江町清水の縄文晩期土器……伊藤玄三・石川隆司

会津若松市墓料遺跡出土の土偶……吉田博行

◆古代　第73号　早稲田大学考古学会　1982年12月　A5判　70頁

三遠式銅鐸の盛行地域について—狗奴国考……前沢輝政

北武蔵における7世紀の動向—古墳からみた一側面……斉藤国夫

鮠間式と「ホッケマ式」……鷹野光行

福井市深坂町小縄遺跡試掘調査略報……木下哲夫・工藤俊樹

早稲田大学所沢新校地周辺出土の遺物について………多宇邦雄・森田みつえ・井上裕一

ベンガラ入れ小壺二題…市毛　勲

◆考古学雑誌　第68巻第3号　日本考古学会　1983年2月　B5判　118頁

東北地方の初期弥生土器—山王Ⅲ層式……………須藤　隆

相模川流域の古式古墳—伊勢原市小金塚古墳を中心として
　　……望月幹夫・立木　修

中国湖北省銅緑山古坑道・冶金遺跡と春秋戦国時代の採鉱冶金業
　　……雷　従雲・谷　豊信 訳

千葉県市原市天神台遺跡出土の小銅鐸…………浅利幸一

◆長野県考古学会誌　第45号　長野県考古学会　1983年3月　B5判　72頁

石器の機能と用途………桐原　健

上水内郡牟礼村栄町遺跡採集の縄文時代後・晩期資料
　　……小柳義雄・百瀬長秀

考古学への招待（5）
　　　　　ジェームズ＝デイッズ

……………関　俊彦 訳

下伊那地方における馬具の一様相
　　………松尾昌彦

下伊那郡鼎町日向田遺跡とその遺物………遮那真周・遮那藤麻呂

恒川遺跡群を通じてみた古代官衙について………工楽善通

◆静岡県考古学研究　第13号　静岡県考古学会　1982年12月　B5判　34頁

湖西古窯址群出土の須恵器甕について………後藤健一

旗指古窯陶器生産の年代について………渋谷昌彦

星川古窯跡出土遺物…鈴木敏則

矢崎遺跡発掘調査略報…中野国雄

◆南山考古　創刊号　南山考古学会　1982年9月　B5判　50頁

墳頂部方形埴輪列の研究
　　………荒木裕美子

名古屋台地欠山期についての一試論—高蔵貝塚を中心として
　　………杉浦仁美

再葬墓について—研究の進展と現状………林　悦代

愛知県内の古墳出土馬具一覧
　　………寺西典子

縄文時代の埋甕について
　　………鳥井智子

◆古代人　第41号　名古屋考古学会　1983年2月　B5判　54頁

八事裏山1号窯第2次発掘調査報告………名古屋考古学会

東山18号古窯………荒木　実

西尾市枯木宮貝塚出土の骨製笛の吹奏法についての考察
　　………奥村一夫

八ツ崎Ⅰ式土器をめぐって
　　………増子康真

愛知県天神山遺跡の縄文早期土器………立松　宏・山下勝年

◆金沢大学文学部論集　第3号　金沢大学文学部　1983年3月　A5判　59頁

窯跡からみる明代窯業技術
　　………佐々木達夫

◆古代文化　第35巻第1号　古代学協会　1983年1月　B5判　54頁

近江国府関連官衙跡の調査—大津市瀬田野畑遺跡の調査概要
　　……林　博通・栗本政志

福岡市拾六町ツイジ遺跡出土の漆塗木製腕輪…………山口譲治

◆古代文化　第35巻第2号　1983年2月　B5判　50頁

仙台市郡山遺跡の発掘調査
　　………木村浩二

岡山県立博物館蔵の須恵器銘「馬評」について………伊藤　純

◆古代文化　第35巻第3号　1983年3月　B5判　52頁

同形態経筒について—佐賀市丸経塚を中心として………杉山　洋

◆考古学研究　第29巻第4号　考古学研究会　1983年3月　A5判　116頁

松島湾宮戸島里浜貝塚における食糧採集活動とその季節性
　　………岡村道雄

古代の開発………広瀬和雄

古代の鉄生産………光永真一

環濠集落の成立と解体
　　………都出比呂志

河内古市大溝の年代とその意義
　　………広瀬和雄

津軽七里長浜の縄文時代遺物包含層について………市原寿文・加藤芳朗・那須孝悌・樽野博幸

押型文土器管見………宮　宏明

文化の認識について……藤本　強

◆山陰文化研究紀要　第23号　島根大学　1983年3月　A5判　212頁

石西地方における横穴墓の形態と時期………田中義昭

◆九州文化史研究所紀要　第28号　九州大学九州文化史研究施設　1983年3月　A5判　240頁

下江津湖湖底遺跡出土刻目突帯文土器の検討（一）……西健一郎

"大化薄葬令"に規定された墳丘の規模について………横山浩一

九州・沖縄出土の朝鮮産陶磁器に関する予察…………西谷　正

◆福岡考古懇話会会報　第11号　福岡考古懇話会　1982年12月　B5判　99頁

釜山考古学会のこと……西谷　正

稲作初現期の諸問題……浜田昌治

福岡県内における古墳の展開とその諸相………中村　勝

鬼虎川遺跡出土の鋳鉄脱鋼鉄器の調査………大澤正己

学界動向

「季刊 考古学」編集部編

---九州地方

地下式横穴古墳から鉄剣を伴う人骨 大口市里の諏訪野遺跡で造成中に地下式横穴古墳が発見され，鹿児島県教育委員会が発掘調査を行なった。古墳は全長2.5m，深さ0.9mで，諏訪野地下式横穴土壙5号と命名された。ほぼ完全な形の人骨2体と，副葬品として鉄剣（21cm），鉄槍，鉄鏃など6点が出土した。人骨は壮年の男性と少年期のもので，顔が長く，反歯の傾向が認められる。

石棺内に大量のベンガラ 熊本県教育委員会が発掘調査を行なった阿蘇郡阿蘇町乙姫の下山西遺跡で弥生時代後期の石棺墓4基と同時期の免田式土器を伴う竪穴式住居跡30軒が発見された。4基とも板状の安山岩を組み合わせた箱式石棺で，1基だけは小児用で，残り3基は胸の辺りに長さ35cm程度の鉄剣がおかれてあった。鉄剣の1本には刀身部分に平織の布も付着していた。また石棺の内側には粘土を5～10cmの厚さに塗った上に10～20cmものベンガラが堆積していた。3基の石棺を合わせた量は110kgにも達しており，このベンガラが被葬者たちを経済的に支えていたのではないかとも考えられている。

山鹿市に3～4世紀の大集落 山鹿市教育委員会が昭和48年から発掘調査を進めている山鹿市方保田の方保田東原遺跡で，弥生時代後期から古墳時代前期にかけての集落跡が発見された。5次にわたる調査（約3,000m²）の結果，竪穴住居跡が100軒以上みつかり，排水用とみられる溝が遺跡内を縦横に走っていた。また土器溜めが発見されたほか，遺物は1万点以上にのぼっている。遺物の中でも注目されるのは巴形銅器，小型鏡（直径7.1cm），銅鏃などの青銅製品約10点と，ミニチュア土器などで，この一帯に大きな勢力をもった豪族の存在が予想された。現在この遺跡は宅地開発の危機に直面している。

弥生中期人骨に衣服 九州横断自動車道の建設に伴って佐賀県教育委員会による発掘調査が行なわれている佐賀県神埼郡神埼町城原の朝日北遺跡で，弥生時代中期の甕棺から，全身に絹織物と思われる多くの織布や繊維が付着した人骨1体が発見された。この甕棺は同遺跡から発見された約80基の中の1基で，人骨は40～50歳代，身長166cmの男性と推定されている。布片は淡黄色で，最大のものでも4～5cm大だが，付着した骨は胸，肩，腕，足など約30ヵ所に及んでおり，遺体を覆った布というより衣服とみられる。

弥生人骨が111体 佐賀県神埼郡千代田町の詫田西分貝塚で，佐賀県教育委員会と千代田町教育委員会による発掘調査が行なわれ，約50m²の墓地内から弥生時代前期～中期の甕棺墓42基，土壙墓71基がみつかり，人骨111体を検出した。人骨は成人と小児，男性と女性がほぼ半々の割合で，ほとんどが屈葬。また副葬品は少なく，土器，石包丁，片刃石斧，磨製石鏃などが出土した程度だった。人骨を鑑定した内藤芳篤長崎大学医学部教授によると，推定身長が175cmのノッポでスマートな人骨が含まれていたという。背が高いといわれる土井ヶ浜人でも170cmどまりだが，今回発見された詫田人は弥生人骨の常識をはるかに越えるものとして注目されている。

大宰府朱雀門の礎石 太宰府市日吉で御笠川護岸工事の際，最大径約2m，最小径1.5mの礎石（花崗岩製）が発見され，大宰府の朱雀大路北端にあった朱雀門の礎石とみられている。この礎石の円形柱座は直径約50cmで，大宰府政庁跡の礎石とほぼ同寸法だが礎石自体は2倍以上の大きさがある。九州歴史資料館の最近の調査で政庁前面地域からは朱雀大路の遺構がみつかっておらず，大路の北の起点は政庁南端から1～2町程度南へ下っていたのではないかとみられている。今回発見された礎石の位置は政庁南門から約250m南の朱雀大路推定線上にあたり，それを裏づける資料として注目される。

---中国地方

須恵器片を敷きつめた古墳 広島県埋蔵文化財センターが発掘調査している高田郡甲田町下小原の法恩地南古墳（円墳）で横穴式石室が発見され，内部から須恵器，鉄刀，金環，勾玉，馬具など百数十点が出土した。両袖式の石室は南を向き，全長6.5m，玄室は4.1×1.8mで，須恵器蓋坏が60点余り規則正しく並べられていたほか，中央部には大甕を割った破片がびっしり敷き詰められていた。副葬品は長さ約90cmの鉄刀2振，約30cmの小刀1振，鉄鏃，鉄製刀子，鉄製轡，金環，メノウ製勾玉，水晶製切子玉，碧玉製管玉，ガラス製小玉など豊富だった。須恵器の編年からみて6世紀後半の古墳とみられるが，数回の追葬が認められた。

弥生前期の三重環濠跡 広島県深安郡神辺町の亀山遺跡は神辺平野のほぼ中央にある独立丘陵上に位置する弥生時代から古墳時代にかけての複合遺跡で，一昨年から広島県埋蔵文化財センターによる発掘調査が行なわれているが，先ごろ3本目の環濠がみつかった。まだ調査されていない部分も残しているが，3本目は他の2本より大規模で，丘陵全体を鉢巻状に取り囲んでいると推定される。環濠の形は3本ともほぼ同様で，最大幅2m，深さ2mのV字形。断面

の外側はほぼ垂直に切り込み，溝底から弥生時代前期の土器片が多数発見された。丘陵の東部分からは弥生時代後期の住居跡も1軒みつかっている。

前田遺跡から呪札　鳥取県八頭郡河原町教育委員会は同町郷原の前田遺跡で発掘調査を進めていたが，弥生時代から室町時代へかけての複合遺跡であることが確認された。主体をなす室町時代前半のもので17軒の住居跡，井戸跡2基，土壙10基，溝2本などがある。井戸からは呪札2点（長さ23.7cmと21.8cm）とミニチュアの木製舟（長さ8.9cm）1点が出土，呪札にはいずれも表に「咄吺哑唧叮戸燃急々如律令九々八十一」，裏には「井」「升」と墨書されていた。「井」や「升」は呪術を行なった場所か，人の名前の可能性もある。

─────近畿地方

宝塚市で多角形墳発見　マンション建設に先立ち兵庫県宝塚市教育委員会が発掘調査していた宝塚市中山荘園12の中山荘園1号墳が多角形墳であることがわかった。当初は横穴式石室を有する円墳とみられていたが，掘り進めていくうちに，一辺4.5～6mの石室を囲む石積みの外護列石が三辺発見された。凝灰岩と一部花崗岩の自然石を一辺に十数個並べており，石に角度をもたせていることから多角形墳と断定された。直径は約14mで，築造時期は7世紀前半～中葉。同墳は天皇陵とは考えられないことから，北摂一帯に強い勢力をもっていた豪族の墓と推定されている。

大阪市内から帆立貝式古墳　大阪市平野区長吉川辺で大阪市文化財協会による発掘調査が行なわれ大阪市内では初めての帆立貝式古墳が発見された。墳丘はすでに削平されて地表下1mほどに埋没し

ており，後円部は道路や建物になっているが，前方部の幅5m，長さ4m以上が発掘された。推定される墳丘全長は約40mで，深さ1.2m，幅7～13mの周濠も判明した。終戦直後の航空写真では墳丘部が森になっており，字名も「一ヶ塚」だったことから，当時まで古墳としての地割が残っていた。またこの古墳の東，約50m内には5世紀後半の方墳5基が新たに見つかり，これらの小型方墳群に先行して帆立貝式古墳（一ヶ塚古墳と命名）が築かれている点が注目される。さらに円筒埴輪列のほか，朝顔形，家形，蓋形などの埴輪も出土した。

難波宮南門跡から火災の跡　大阪市教育委員会と大阪市文化財協会は大阪市東区上町1—17のビル新築工事現場で発掘調査を進めていたが，先ごろ前期難波宮の朝堂院南門の全容がつきとめられた。南門の規模は間口23.5m，奥行8.76mで，東大寺南大門より一回り小さい。9基発見された昭和47年の調査時と同じく，直径約70cmの柱穴が縦横3列ずつ計9基みつかった。また抜き穴の埋め土から木炭片や焼けた壁土などが出土したことから，「難波大蔵省失火，宮室悉焚」という『日本書紀』朱鳥元年（686年）の記載にあたる難波宮焼失の事実を裏づける証拠とみられる。

平城宮跡から傘形土製品　奈良国立文化財研究所平城宮跡発掘調査部が発掘を進めている奈良市佐紀町の平城宮跡推定第一次朝堂院南方で，予想された東朝集殿の建物は確認されず，古墳時代の遺構・遺物が発見された。竪穴住居跡，溝，土壙から多数の土師器とともに傘形土製品と方形台状形土器が出土したもので，前者は直径5cm，中央に3mmほどの穴があいている。また後者は下底部が14×13cmあり，ピラミッドの上

部を切り取ったような形をしており，中は空洞。これまで出土例のない遺物で，中央に2.3cmの穴がくり抜かれている。そのほか「菜料」「内大炊□人」と記された墨書土器2点も発見された。

坪井遺跡から弥生前期の墓地　橿原市教育委員会は先に人物像を描いた弥生時代中期の土器片や，同時期の赤漆塗りの木製剣柄，弥生時代後期の川跡から木製樋などが発見された橿原市常盤町の坪井遺跡で調査を進めているが，今度は弥生時代前期の墓地群が発見された。東西20m，南北8mほどの範囲内に木棺直葬墓3基，壺棺墓3基が出土したもので，木棺は長さ1.6m，幅0.5mと推定され，3基とも頭蓋骨と歯が残り，大腿骨や肋骨も一部残存していた。いずれも成人骨らしい。また壺棺は高さ40～60cm，口縁部径25～30cmのもので，3基が集中していた。近畿地方では壺棺はこれまで単独発見例が多く，木棺直葬墓とともに検出されたのはきわめて珍しい。

曽我遺跡から大量の玉製品　奈良県立橿原考古学研究所が昨年5月から発掘調査を進めている橿原市曽我町の曽我遺跡で臼玉，管玉，勾玉など出土した玉製品が6万点近くに達し，洗浄を待つ土の量からみて最終的には30万点を越えるとみられている。約10,000m²を対象に調査が行なわれた結果，5世紀後半から6世紀前半を中心とする古墳時代中・後期の玉作跡らしく，完成品はごくまれで，大半が未成品だった。小玉が90%を占め，管玉7～8%，勾玉，丸玉，有孔円盤などもわずかにある。石材は滑石が70%，碧玉20%，緑色凝灰岩が10%ほどで，琥珀，水晶，ひすい，めのう，ガラスなども少量ある。しかし，原石には日本海沿岸地方でしか産出しないものも含まれていることか

101

学界動向

ら，5世紀ごろまで各原料産地で行なっていた玉作を大和朝廷が大和に集中させたことを示す遺跡との見方もある。また5m四方ほどの隅丸方形のピットもみつかっており，工房跡の可能性が強い。

終末期の導榔墳　奈良県生駒郡三郷町南畑の高安山（488m）の山頂近くで，高安城を探る会のメンバーが導の存在を確認したことから，奈良県立橿原考古学研究所が発掘調査した結果，終末期古墳の一種とみられる導榔墳が発見された。導榔は幅1.35m，長さ2.7mと東西に細長いもので，一辺約27cm，厚さ約4cmの正方形の導を5列と10列に50枚敷きつめ，周囲に同じ大きさの導を3枚ずつ立てて側壁と奥壁を造っている。内法の床は3列9枚の27枚で，導はピンクに近い赤色を呈し，間は良質の粘土でつなぎ合わせていた。側壁部分は1段しか残っていないが，元は3段あったようで，およそ250枚を使って築造されたらしい。またこの導榔を幅3mほどの溝がコの字形に取り巻いており，一辺8mほどの方形墳だったとみられる。遺物は全く発見されなかったが，溝を埋め込んで奈良時代末から平安時代の火葬墓群が存在することから，8世紀の終末期古墳と推定される。なお，石室の一部に導を使用した古墳はあるが，すべて導で造られたものは他に例がない。

蓮華王院の遺構　京都市東山区の三十三間堂の西側，大和大路に面したマンション新築工事に伴う発掘調査で，今では本堂の三十三間堂のみを残す蓮華王院の創建当初の遺構の一部を初めて確認した。調査は京都市埋蔵文化財研究所が実施し，調査地は蓮華王院推定寺域（方二町）の南西部にあたる。調査では石組雨落溝を持つ建物跡3棟と南北方向の道路跡を検出した。雨落溝は幅30〜40cm，

深さ10cmで，両側に一辺20cmの長方形の石を1列または2列並べている。3棟のうち西側のものの規模が大きく，雨落溝が東に張り出し，向拝が付くと考えられる。この建物では礎石据付穴と小礎石を2ヵ所ずつ検出した。これらの建物跡の方向は現在の三十三間堂とほぼ同一方向であり，雨落溝の構造は平安時代後期の鳥羽離宮などのものと同形式である。また出土した土器・瓦などからこれらの建物跡は創建期のものと考えられ，蓮華王院内の付属の堂舎と推定できる。同院は長寛2年後白河法皇の勅願により，平清盛によって造営されたもので，三十三間堂と呼ばれる千体観音堂を中心とし，方2町の寺域には五重塔，北斗堂，不動堂などの壮大な伽藍がそびえていた事が知られる。しかしその建物配置は不明で，今回検出した建物跡がどの堂舎に比定できるかは今後の検討課題である。

───────── 中部地方

渥美町から銅鐸の破片　愛知県渥美郡渥美町伊川津椛（なぐさ）で土地開発事業中に銅鐸の一部が破片で発見されたことから，渥美町教育委員会が破片の収集にあたった。破片は小指の先大のものから50×20cmくらいのものまで大小さまざまな145点で，破壊されてから埋められたものらしい。これまでの調べで，高さ1.05〜1.10m程度の袈裟襷文銅鐸2個分が確認された。鈕の周囲に飾り耳があって近畿式銅鐸の特徴がよく表われている。『日本三代実録』には渥美町伊川津村松で銅鐸が発見され，時の天皇に献上したという記述があり，今回発見された場所とは約2kmしか離れていないことから注目される。

吉河遺跡の第4次調査　昨年までの調査で中央に幅約2mの墓道を伴った方形周溝墓24基が発見

された敦賀市吉河の吉河遺跡で福井県教育委員会による第4次発掘調査が開始され，弥生時代後期の竪穴式住居跡4軒や木製品などが発見された。住居跡は方形周溝墓の北側に隣接しているもので，うち2軒が円形，2軒が隅丸方形のプラン。この中の1軒は直径9.5mもあり，6ヵ所の柱穴を伴っていて，他の住居跡に比べてきわだって大きい。出土遺物として土器，土錘，石鏃のほか，木鍬などの木製品や炭化米，モモ，クルミ，ウリ，ヒョウタンなどの種子も出土した。木製品や種子は幅約6mの河道跡から出土したもので，長さ27cm，幅15cmの鍬，45×19cmと34×19cmの槽がある。槽はいずれも一方に把手がついているほか，小さいほうの裏には四隅に小さい脚がついていた。

高森遺跡は丹生郡衙跡　掘立柱建物跡や竪穴式住居跡などが多く発見された武生市高森町久保田の高森遺跡で発掘調査団（水野九右衛門団長）による第3次調査が行なわれ，新たに掘立柱式建物跡11棟，竪穴式住居跡11軒のほか，土師器，須恵器，小型の儀装用刀，ふいごの羽口，緑釉陶器などが多数発見された。掘立柱式建物は4.2×6.3mの大きさで，四角の柱穴のほか，中央部に柱跡があることから倉庫とみられる。また同建物群が東西南北に面を合わせて並んでいるのが特徴。今回の遺跡は丹生郡衙に付随する倉庫群や雑舎とみられる。

寺家遺跡は古代気多神社　石川県埋蔵文化財センターが昭和53年以来調査を続けていた奈良・平安時代の祭祀遺跡・寺家遺跡（羽咋市寺家町）は古代の気多神社そのものである可能性が強まった。これは昭和55年に出土した直径11.5cmの須恵器坏と直径13.7cmの須恵器坏の蓋にそれぞれ「宮厨」と書かれた墨書が発見さ

れたことから。土器は井戸跡と掘立柱式建物跡から出土したもので8～9世紀に比定される。当時神宮としては周辺に気多神社しかなく，平安時代初期の19×4.2mの細長い建物跡は同神社に関係の深い建物とみられる。現在の気多神社は寺家遺跡から約800m山寄りにあり，もとは海寄りの寺家遺跡付近にあったもので中世に至って砂丘の移動などの理由から移転したのではないかとみられている。

金比羅山で大規模な登窯　石川県埋蔵文化財センターが発掘調査を行なっている小松市那谷町の金比羅山古窯跡で6世紀後半の大規模な須恵器登窯と7世紀末～8世紀初めごろの横口式石槨が発見された。大規模な窯は約10基からなる古窯群中の2基で，1号窯は長さ15m，最大幅3.2m，4号窯は長さ16m，最大幅3mあり，国内でも最大級のもの。多数の須恵器片が出土しており，大量生産を目的としたものと考えられる。横口式石槨は金比羅山の南斜面から発見されたもので，直径約10mの円墳。凝灰岩製で，内法は奥行154cm，幅89cm，高さ56cmで奥壁1，側壁2，床石3の計6枚の切石から成っていた。天井石などは失なわれており，副葬品も須恵器坏の蓋1点と金属の破片数点がみつかったにすぎない。近畿地方に多い前室や羨道の構造をもたない石棺型で，日本海側では初めての発見例。

土器に『和名抄』の郷名　甲府市横根町の大坪遺跡から出土した10世紀初めの土師器片に「甲斐国山梨郡表門」とヘラ描きされているのが甲府市教育委員会の最近の調査で判明した。この土器片は昨年の調査で須恵器片，瓦，紡錘車，木製品（木簡，盆など）その他とともに出土したもので，文字は皿形土器の内側底に刻まれていた。『和名抄』によると，現在の甲府市は山梨郡表門（うわと）郷と巨麻郡青沼郷とに分かれていたが，この「表門郷」にあたる文字が土師器の製作地と推定される大坪遺跡の一角から発見されたことは意義が深い。

平安時代の集落跡　山梨県北巨摩郡高根町下黒沢の湯沢遺跡で，団地造成に伴う高根町教育委員会の発掘調査が行なわれ，8月1日現在，住居址36軒，掘立柱建物址13軒のほか，門跡を伴う柵列など平安時代中期の集落跡が発見された。柵列は100基内外の柱穴により推定されたもので，集落南側を巡っている。一辺9m近い2軒の住居址のうち1軒は柱穴が8基あり，長さ15cmの刀子1点，鉄釘2本，鉄鏃1点のほか，隆平永宝（796年鋳造）1枚もみつかった。住居址は一辺6m以上のものが大半を占め，小型のものの中には鉄屑を出土するものもあるが，性格は不明である。2間四方の柱穴を伴う建物址は東西に1基ずつ検出されたが，上屋構造は不明である。さらに「川」「千」などの墨書土器，羽口なども出土した。

──────────関東地方

5世紀後半の豪族館址　群馬県では原之城，三ツ寺遺跡につづく3例目の豪族館跡が前橋市荒子町の荒砥荒子遺跡でみつかった。県営ほ場整備事業に伴って群馬県埋蔵文化財調査事業団が発掘調査を行なった。遺構は北西部分が谷によって切られ西と北の二辺は不明であるが，東と南の二辺には幅2m，深さ40cm余りの堀がめぐらされており，東西60m，南北42mの方形に区画されていたことが推定された。区画の南側中央部に幅2m，長さ5mの張り出し部分があり，堀の内側には堀に沿って約2m間隔の柱穴列がある。区画の内外には12軒の竪穴住居

址が点在しており，堀の内側にある11・15号住居址が堀と同時期と思われる。以上の点から全国に数例みつかっている豪族館跡と推定される。ただし，同遺跡は5世紀後半と他の例に比べてやや古く，より小規模。また，館の中心的な建物跡はみつかっていない。堀からは高坏など土器片が約100点出土した。

──────────東北地方

城輪遺跡から漆紙文書　山形県酒田市の国史跡・城輪柵跡から名前と年齢が書かれた平安時代中期の漆紙文書が発見された。昨年10月まで行なわれた第29次発掘調査の際に須恵器や赤焼土器とともに漆書らしいものが出土したため，酒田市教育委員会が宮城県東北歴史資料館に解読を依頼していたもの。文書は最大長約7cm，最大幅5.5cmで二つ折になっており，戸口名と年齢が4行にわたり楷書で「□□津月之戸口」「□□賣年卅四」「□□麻呂年廿六」「□□廿四」と書かれている。この文書の発見で，同遺跡が出羽国府の役所跡であったことがさらに裏付けられた。

浪岡城跡から人骨　昭和53年から10年計画で進められている青森県南津軽郡浪岡町の浪岡城跡北館で，頭を北に向け屈葬状態になった人骨が発見された。頭蓋骨右側面は土圧でつぶれているが歯並びはしっかりしており，腕と脊椎の一部が残存していた。ただ別の遺構と重複していたため土壙の南側が削られていたが，重複関係・出土遺物からみて中世末の土壙墓とみられる。隣接する竪穴遺構から宋銭・明銭など159枚を麻紐に通した備蓄銭も出土している。これまでの調査で北館から掘立柱建物跡や倉庫らしい竪穴遺構も多数検出され，北館が主郭とみられている。

■ 第6号予告 ■

特集　邪馬台国を考古学する

1984 年 1 月 25 日発売
総108頁　　1,500 円

座談会・邪馬台国の背景
　　岡崎　敬・山尾幸久・永井昌文・金関　恕
『魏志倭人伝』時代の九州と畿内
　　北部九州の自然環境…………畑中健一
　　北部九州の生産………………下条信行
　　北部九州の集落・人口………田崎博之
　　北部九州の社会・生活………浜石哲也
　　畿内の自然環境………………安田喜憲
　　畿内の生産……………………田代克己
　　畿内の集落・人口……………中西靖人
　　畿内の社会・生活……………都出比呂志
邪馬台国の周辺
　　中　国…………………………河上邦彦

朝　鮮……………………………西谷　正
対馬国……………………………安楽　勉
一支国……………………………藤田和裕
末盧国……………………………中島直幸
伊都国……………………………柳田康雄
奴　国……………………………塩屋勝利
邪馬台国研究史…………………森岡秀人

＜講座＞古墳時代史6 …………石野博信
＜講座＞考古学と周辺科学5 —民族学
　　　　　　　　　　　　………大塚和義
＜調査報告＞交渉中
＜書評＞〈論文展望〉〈文献〉〈学界動向〉

編集室より

◆本誌もこれで5号になった。ちょうど1年目である。いろいろなご批評を頂戴し大いに勉強になった。とにかく，特集のテーマを少しでも早くきめて，充実した内容を心掛けるよう頑張っていきたいと思っている。本誌の製作面にも模索すること多く，今年はさらにお褒めのお言葉を賜わるよう努力するつもりである。
　今号は「装身の考古学」である。装身という広い範囲にわたる古代人のよそおいの本質を，ダイナミックに捉えることを編者は考えてくれた。　　　　（芳賀）
◆深作光貞氏の最近の著書『「衣」の文化人類学』はいろいろ教えられるところが多かった。この書は文化人類学からみた主に下半身の衣服に関する研究であるがその中に衣服の起源についての説が紹介されている。それは動物にはシッポがあって性器を隠している。むしろ隠すことによってアピールしているが，シッポのない人間はその代償として衣服を作ったのであると。起源説に身体保護があげられることは当然としても，この説には興味をもった。
　本特集では装身の歴史をたどり，その意義を考えてみた。「装身」のもつ大きな意味を汲みとっていただければ幸いである。（宮島）

本号の編集協力者——町田　章（奈良国立文化財研究所技官）
1939年香川県生まれ，立命館大学卒業。「装身具」（日本の原始美術）「古代帯金具考」（考古学雑誌56—1）などの著書・論文がある。
　春成秀爾（国立歴史民俗博物館助教授）
1942年兵庫県生まれ，九州大学院中退。「抜歯の意義」（考古学研究20—2・3）「縄文時代の複婚制について」（考古学雑誌67—2）など。

■ 本号の表紙 ■

　東京都調布市下布田遺跡から出土した土製耳飾（重文）はいわゆる滑車形耳飾で，半肉彫の重花弁状装飾をめぐらした環体と中心飾により構成される。文様面全体は厚く朱色を彩り，精緻な趣きを伝えたもので，技法的にも縄文工芸の一水準を示している。
　この種の耳飾は多く関東地方の縄文後期末〜晩期の土器に伴い，形態も大きさに従って臼形から環状へと変化をみせる。最近，これとほとんど同じ出土品が群馬県千網谷戸遺跡からまとまって検出されている。ここでは耳飾などの製作工房跡を示唆する様々な徴候が確認されており，本品の生産地として擬定することも可能である。　　　　　　　（三輪嘉六）

▶本誌直接購読のご案内◀

　『季刊考古学』は一般書店の店頭で販売しております。なるべくお近くの書店で予約購読なさることをおすすめしますが，とくに手に入りにくいときには当社へ直接お申し込み下さい。その場合，1年分 6,000 円（4冊，送料は当社負担）を郵便振替（東京3-1685）または現金書留にて，住所，氏名および『季刊考古学』第何号より第何号までと明記の上当社営業部までご送金下さい。

季刊 考古学　第5号　　　　1983年11月1日発行
ARCHAEOLOGY　QUARTERLY　　定価 1,500 円

編集人　芳賀章内
発行人　長坂一雄
印刷所　新日本印刷株式会社
発行所　雄山閣出版株式会社
　〒 102　東京都千代田区富士見 2-6-9
　　電話 03-262-3231　振替 東京 3-1685

◆本誌記事の無断転載は固くおことわりします
ISBN 4-639-00286-6　　printed in Japan

季刊 考古学 オンデマンド版　第 5 号　1983 年 11 月 1 日　初版発行
ARCHAEOROGY　QUARTERLY　2018 年 6 月 10 日　オンデマンド版発行
定価（本体 2,400 円＋税）

編集人　芳賀章内
発行人　宮田哲男
印刷所　石川特殊特急製本株式会社
発行所　株式会社　雄山閣　http://www.yuzankaku.co.jp
　　　　〒 102-0071　東京都千代田区富士見 2-6-9
　　　　電話 03-3262-3231　FAX 03-3262-6938　振替　00130-5-1685

◆本誌記事の無断転載は固くおことわりします　ISBN 978-4-639-13005-5　Printed in Japan

初期バックナンバー、待望の復刻‼

季刊 考古学 OD　創刊号〜第 50 号〈第一期〉

全 50 冊セット定価（本体 120,000 円＋税）　セット ISBN：978-4-639-10532-9

各巻分売可　各巻定価（本体 2,400 円＋税）

号　数	刊行年	特集名	編　者	ISBN（978-4-639-）
創刊号	1982 年 10 月	縄文人は何を食べたか	渡辺 誠	13001-7
第 2 号	1983 年 1 月	神々と仏を考古学する	坂詰 秀一	13002-4
第 3 号	1983 年 4 月	古墳の謎を解剖する	大塚 初重	13003-1
第 4 号	1983 年 7 月	日本旧石器人の生活と技術	加藤 晋平	13004-8
第 5 号	1983 年 10 月	装身の考古学	町田 章・春成 秀爾	13005-5
第 6 号	1984 年 1 月	邪馬台国を考古学する	西谷 正	13006-2
第 7 号	1984 年 4 月	縄文人のムラとくらし	林 謙作	13007-9
第 8 号	1984 年 7 月	古代日本の鉄を科学する	佐々木 稔	13008-6
第 9 号	1984 年 10 月	墳墓の形態とその思想	坂詰 秀一	13009-3
第 10 号	1985 年 1 月	古墳の編年を総括する	石野 博信	13010-9
第 11 号	1985 年 4 月	動物の骨が語る世界	金子 浩昌	13011-6
第 12 号	1985 年 7 月	縄文時代のものと文化の交流	戸沢 充則	13012-3
第 13 号	1985 年 10 月	江戸時代を掘る	加藤 晋平・古泉 弘	13013-0
第 14 号	1986 年 1 月	弥生人は何を食べたか	甲元 真之	13014-7
第 15 号	1986 年 4 月	日本海をめぐる環境と考古学	安田 喜憲	13015-4
第 16 号	1986 年 7 月	古墳時代の社会と変革	岩崎 卓也	13016-1
第 17 号	1986 年 10 月	縄文土器の編年	小林 達雄	13017-8
第 18 号	1987 年 1 月	考古学と出土文字	坂詰 秀一	13018-5
第 19 号	1987 年 4 月	弥生土器は語る	工楽 善通	13019-2
第 20 号	1987 年 7 月	埴輪をめぐる古墳社会	水野 正好	13020-8
第 21 号	1987 年 10 月	縄文文化の地域性	林 謙作	13021-5
第 22 号	1988 年 1 月	古代の都城―飛鳥から平安京まで	町田 章	13022-2
第 23 号	1988 年 4 月	縄文と弥生を比較する	乙益 重隆	13023-9
第 24 号	1988 年 7 月	土器からよむ古墳社会	中村 浩・望月 幹夫	13024-6
第 25 号	1988 年 10 月	縄文・弥生の漁撈文化	渡辺 誠	13025-3
第 26 号	1989 年 1 月	戦国考古学のイメージ	坂詰 秀一	13026-0
第 27 号	1989 年 4 月	青銅器と弥生社会	西谷 正	13027-7
第 28 号	1989 年 7 月	古墳には何が副葬されたか	泉森 皎	13028-4
第 29 号	1989 年 10 月	旧石器時代の東アジアと日本	加藤 晋平	13029-1
第 30 号	1990 年 1 月	縄文土偶の世界	小林 達雄	13030-7
第 31 号	1990 年 4 月	環濠集落とクニのおこり	原口 正三	13031-4
第 32 号	1990 年 7 月	古代の住居―縄文から古墳へ	宮本 長二郎・工楽 善通	13032-1
第 33 号	1990 年 10 月	古墳時代の日本と中国・朝鮮	岩崎 卓也・中山 清隆	13033-8
第 34 号	1991 年 1 月	古代仏教の考古学	坂詰 秀一・森 郁夫	13034-5
第 35 号	1991 年 4 月	石器と人類の歴史	戸沢 充則	13035-2
第 36 号	1991 年 7 月	古代の豪族居館	小笠原 好彦・阿部 義平	13036-9
第 37 号	1991 年 10 月	稲作農耕と弥生文化	工楽 善通	13037-6
第 38 号	1992 年 1 月	アジアのなかの縄文文化	西谷 正・木村 幾多郎	13038-3
第 39 号	1992 年 4 月	中世を考古学する	坂詰 秀一	13039-0
第 40 号	1992 年 7 月	古墳の形の謎を解く	石野 博信	13040-6
第 41 号	1992 年 10 月	貝塚が語る縄文文化	岡村 道雄	13041-3
第 42 号	1993 年 1 月	須恵器の編年とその時代	中村 浩	13042-0
第 43 号	1993 年 4 月	鏡の語る古代史	高倉 洋彰・車崎 正彦	13043-7
第 44 号	1993 年 7 月	縄文時代の家と集落	小林 達雄	13044-4
第 45 号	1993 年 10 月	横穴式石室の世界	河上 邦彦	13045-1
第 46 号	1994 年 1 月	古代の道と考古学	木下 良・坂詰 秀一	13046-8
第 47 号	1994 年 4 月	先史時代の木工文化	工楽 善通・黒崎 直	13047-5
第 48 号	1994 年 7 月	縄文社会と土器	小林 達雄	13048-2
第 49 号	1994 年 10 月	平安京跡発掘	江谷 寛・坂詰 秀一	13049-9
第 50 号	1995 年 1 月	縄文時代の新展開	渡辺 誠	13050-5

※「季刊 考古学 OD」は初版を底本とし、広告頁のみを除いてその他は原本そのままに復刻しております。初版との内容の差違は
　ございません。

「季刊 考古学　OD」は全国の一般書店にて販売しております。なるべくお近くの書店でご注文なさることをおすすめしますが、とくに手に入り
にくいときには当社へ直接お申込みください。